수당의 정국

易中天中華史: 隋唐定局

수당의 정국

隋唐定局

易 中 天 中 國 史

이중톈 중국사 \13\

이중톈 지음 | 김택규 옮김

글항아리

中　　／　　國　　／　　史　　／

일러두기
– 본문에서 괄호 속 설명은 지명 표기 등을 제외하면 옮긴이가 붙인 것이다.

수양제는 남북으로 대운하를 개통했지만 분서갱유는 하지 않았다. 왜 진시황과 당태종은
천고의 황제로 추앙받는 반면, 그는 후대에 악명이 자자한 것일까?

제2제국

그전의 혼란했던 400년과 마찬가지로, 세계적인 문명을 창조한 수당도 일련의 음모와 살육으로 시작되었다. 수문제 양견楊堅은 북주北周의 황제와 황족을 죽였고 수양제 양광楊廣과 당태종 이세민李世民은 자신들의 형을 죽였다(당태종은 동생까지 죽였다). 이밖에 수문제 양견이 수양제 양광에게 죽임을 당했는지는 아직까지 논란이 있지만 양광이 측근과 근위병에게 살해된 것은 틀림없는 사실이다.

이른바 역사라는 것은 온통 피로 얼룩져 있다.

그런데 그 피에 물든 대지에서 찬란하기 그지없는 문명의 꽃이 피었다. 당나라가 중국의 전성기를 대표하며, 따라서 중국 민족을 상징하는 기호이자 대명사라는 것을 인정하지 않는 사람은 거의 없다. 예를 들어 해외 화교의 거주지는 '당인가唐人街'라고 불리곤 한다. 중국 특색의 패션도 흔히 '당장唐裝'이라 불리곤 한다. 그 디자인이 당나라와는 아무 상관이 없는데도 말이다.

하지만 상대적으로 수나라는 잊히는 경우가 많다.

잊히지 않는 것이 있다면 그것은 오직 수양제 양광의 '혼폭昏暴'뿐이다.

혼폭은 양광이 죽은 뒤 당나라인이 내린 평가다. 그 전에 양광은 사실 명황제明皇帝라는 시호도 있었고 수세조隋世祖라는 묘호도 있었다. 하지만 아쉽게도 그 두 가지 그럴듯한 칭호는, 대신이 관리하던 수나라의 낙양 정권에서 지어준 것이어서 새로 세워진 당나라에 의해 금세 취소되었고 시호가 '양煬'으로 바뀌었다.

그때부터 그는 수양제라고 불렸다.[1]

그것은 더 이상 나쁠 수 없는 평가였다. 『시법諡法』에 따르면 '양'에는 세 가지 의미가 있다. 여색을 탐하고 예법을 따르지 않는 것과 예제禮制를 깨뜨리고 백성을 배신하는 것, 그리고 천명을 거스르고 백성을 학대하는 것이다. 앞의 두 가지가 바로 '혼昏'이고 뒤의 한 가지는 '폭暴'이다. 후대의 서술과 설명, 보편적인 관점에 따르면 양광은 아마도 그것들에 다 해당되어 '혼폭'이라는 평가를 받은 것이다.[2]

당고조 이연李淵 등은 왜 양광을 그렇게 평가했을까? 왕조 교체의 합리성을 증명하기 위해 새 왕조가 전 왕조나 그 말기를 혹평하는 것은 흔히 있는 일이었다. 그것은 단명한 왕조나 망국의 군주가 피하기 어려운 숙명이었다. 하지만 다른 말기의 군주들은 그래도 시호만은 대충

---

1 『자치통감』185권 참조.
2 '양煬'에 관한 설명은 『자치통감』180권 「양황제상지상편煬皇帝上之上篇」 호삼성胡三省주 참조.

봐줄 만한 것을 얻었다. 양광만큼 나쁜 평가를 받은 군주는 하나라의 걸왕이나 상나라의 주왕뿐이었다. 그리고 학살을 일삼은 걸왕과 의를 손상시킨 주왕은 그야말로 용서받기 힘든 거악을 저지른 이들이었다.[3]

양광에게 더 억울했던 것은 '양'이 원래는 그가 진陳나라의 마지막 군주 진숙보陳叔寶에게 내린 시호였다는 사실이다. 그 시호는 그런 음탕하고 부패한 군주에게나 어울렸다. 진숙보는 재위 내내 흐리멍덩하게 세월을 흘려보냈을 뿐만 아니라 포로가 될 때도 미녀 두 명을 품에 안고 있었다.

그 시호를 진숙보에게 내린 양광은 그런 역사적 평가를 할 만한 자격이 있었다. 그는 수나라의 두 번째 황제였을 뿐만 아니라, 과거에 진나라 군대를 격파한 대원수로서 진숙보의 음탕함과 무능함을 직접 목도했기 때문이다. 다만 그는 자신의 말로가 더 비참할 줄은, 그리고 진숙보에게 내린 시호가 자기에게도 부여될 줄은 꿈에도 몰랐을 것이다. 당나라인들은 심지어 그 두 황제가 저승에서 만나 부적절하게도 「옥수후정화玉樹後庭花」(진숙보가 재위 당시 궁중 생활의 화려함을 소재로 쓴 시. 후대에 망국을 상징하는 시로 낙인찍혔다)를 서로 논할지도 모른다고까지 말했다.[4]

이것은 실로 엄청난 아이러니가 아닐 수 없다.

안타깝게도 역사는 언제나 승자에 의해 쓰이므로 우리는 어쩔 수 없이 양광을 수양제라고 부를 수밖에 없다. 하지만 그는 정말로 그렇게 나쁜 군주였을까?

---

3 한나라와 한나라 이후 수나라 이전까지 마지막 황제의 시호는 다음과 같다. 한 헌제獻帝, 위 원제元帝, 진 공제恭帝, 송 순제順帝, 제 화제和帝, 양 경제敬帝, 북위 효무제孝武帝, 동위 효정제孝靜帝, 서위 공제恭帝, 북주 정제靜帝이며 북제의 마지막 황제는 시호가 없다.

4 이상은李商隱은 「수궁隋宮」에서 "지하에서 진 후주後主(마지막 황제)를 만난다면, 어찌 다시 후원의 꽃에 관해 물어봐야 하는가地下若逢陳後主, 豈宜重問後庭花"라고 했다. 『자치통감』 180권 호삼성주에서는 또 "진숙보에게 '양'이라는 시호를 내리고서 어찌 자기가 천수를 못 누리다 죽어 역시 '양'을 시호로 받을 줄 알았겠는가謚陳叔寶曰煬, 豈知己不令終, 亦謚曰煬乎?"라고 했다.

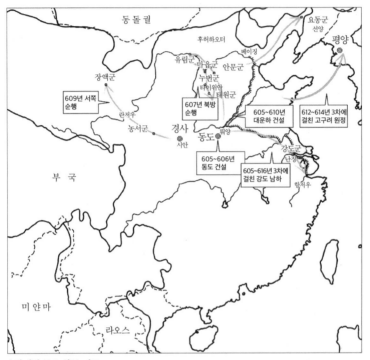

동 돌 궐

요동군
선양

평양

후허하오터

베이징

유림군
마읍군
안문군
누번군
태원군
타이위안

장액군

**609년 서쪽
순행**

**607년 북방
순행**

**605~610년
대운하 건설**

**612~614년 3차에
걸친 고구려 원정**

란저우

농서군
경사
시안

동도
뤄양

**605~606년
동도 건설**

**605~616년 3차에
걸친 강도 남하**

강도군
난징

부 국

항저우

미 얀 마

라오스

수양제의 주요 활동 기록

꼭 그렇게 볼 수만은 없다. 이에 대해 어느 사학자가 적절히 지적한 말이 있다. 그는 "진시황이 한 일을 수양제도 대부분 했지만 분서갱유는 하지 않았다. 또 수양제가 한 일을 당태종도 대부분 했지만 운하를 건설하지는 않았다. 그런데 왜 진시황과 당태종은 천고의 황제로 추앙받는 반면, 수양제는 후대에 악명이 자자한 것일까?"라고 물었다.[5]

이것은 매우 불공평하다.

이에 연루되어 수나라의 의의까지 과소평가된다면 더욱 불공평하다.

수나라의 역사가 매우 짧기는 했다. 겨우 38년 유지되었으니 중국 문명사 3700년과 중국 제국사 2100여 년과 비교하면 눈 깜짝할 사이에 불과하다. 하지만 이 단명한 왕조가 완수한 일의 규모는 다른 왕조의 몇 배에 상당하고 그들이 남긴 물질적·문화적·정치적 유산, 예를 들어 운하, 과거제, 삼성육부제三省六部制 같은 것은 명나라와 청나라에 이르기까지 계속 수용되었다. 이런 왕조를 어떻게 과소평가할 수 있겠는가?[6]

더욱이 한나라가 진나라 정치의 계승자에 불과했던 것처럼 수나라도 당나라 문명의 역사적 창건자였다. 앞에 진나라가 없었다면 뒤에 한나라도 없었고 역시 앞에 수나라가 없었다면 뒤에 당나라도 없었다. 사실상 당태종은 수양제의 뒤를 쫓아갔을 뿐이다. 그는 수나라를 참고했을 뿐만 아니라 스승으로 삼았고 더구나 그것은 단지 반면교사의 차

---

5 후지胡戟, 『수양제의 진상隋煬帝的眞相』 참조.
6 게가사와 야스노리氣賀澤保規, 『빛나는 세계 제국: 수당시대絢爛たる世界帝國: 隋唐時代』 참조.

원에서만 그런 것이 아니었다.[7]

수나라는 시간적으로 짧았지만 내용은 풍부했다. 수나라는 단명했지만 불후의 업적을 남겼다. 서진이야말로 잠깐 나타났다가 덧없이 사라진 왕조다. 진정으로 의미 있는 왕조는 동진이었다. 단지 천하의 절반을 차지하는 데 그치고 통일을 못 이룬 것이 아쉬울 뿐이다.[8]

수나라와 비교될 만한 왕조는 진나라다.

수나라와 진나라는 난형난제다. 둘 다 통일을 이루었고 또 2대 황제에서 망했으며 앞에는 기나긴 분열과 전란의 시대(500년의 춘추전국시대와 400년의 후한 말에서 위진남북조 시대)가, 뒤에는 강성한 대제국(400여 년의 한나라와 300년에 가까운 당나라)이 있었다. 그리고 뒤의 두 통일 왕조는 모두 중간에 단절을 겪었다. 한나라 때는 왕망의 신新나라가 있었고 당나라 때는 무측천武則天의 주周나라가 있었다. 실로 놀랄 만큼 유사하다고 할 수 있다.

이것은 아마도 우연이 아닐 것이다.

당연히 우연이 아니었다. 사실 수당과 진한이 서로 그런 것처럼 명청과 송원도 대단히 흡사하다. 모두 앞은 한족 왕조이고 뒤는 이민족 정권이며 지속된 기간도 비슷한 점이 있다. 물론 송나라는 300년이 조금 넘고 원나라는 100년 전후이지만 명나라는 276년, 청나라는 267년이다. 명나라와 청나라의 기간은 거의 같으며 둘 다 당나라보다 조금 짧다.[9]

7 후지, 『수양제의 진상』 참조.
8 그래서 서진과 동진을 중국 제국의 서열에 넣어야 한다는 사학자도 있다. 레이 황의 『허드슨 강변에서 중국사를 이야기하다』 참조.
9 역대 왕조가 시작되고 끝나는 시점은 학술계에서 줄곧 서로 다른 계산 방식을 사용해왔다. 이 두 왕조의 흥망도 시점이 중첩되곤 하는데 여기서는 논의하지 않겠다.

하지만 진·한·수·당과 송·원·명·청, 이 양자는 차이가 확실하다.

그래서 주전충朱全忠이 당나라를 멸한 시점을 경계로 하여 중국 제국의 역사를 상하 두 단계로 나눌 수 있다. 위 단계는 1128년이고 아래 단계는 1004년인데 두 기간은 서로 비슷하며 상하 2000년이라고 부를 수 있다.

이 2000년은 두 가지 추세로 표현된다. 대체로 위 단계에서는 먼저 제도의 창립이 진행된 뒤(진과 수) 세계 제국으로 변모했으며(한과 당), 아래 단계에서는 제도의 개혁이 진행된 뒤(송과 명) 부패가 있고 나서 이민족 정권(원과 청)의 수혈과 대체가 이어졌다. 다시 말해 위 단계는 오르막길이었고 아래 단계는 내리막길이었으며 전성기는 당송이었다.

당송은 꼭대기인 동시에 분수령이었다.

더 살펴보면 앞은 개방적이고 뒤는 보수적이었으며 또 앞은 상승하고 뒤는 하강했다. 동시에 앞은 혼란하고 뒤는 안정적이어서 원나라와 명나라는 심지어 중간에 아무 공백 없이 이어지기까지 했다. 하지만 송원과 명청은 차이가 매우 확실했다. 송원은 진한 이후의 재상제도와 당송 이후의 분권제도를 계승했지만 명청은 '정부만 있고 재상은 없이' 모든 권력이 황제에게 집중되었다. 황제가 헤게모니를 독점하고 독단적으로 정책을 결정함으로써 국가의 원수와 정부의 수뇌를 겸했다. 그 결과, 명나라는 전제정치, 청나라는 독재정치가 되어 끝내 붕괴로 치달았다.

따라서 신해혁명도 우연이 아니었다.

확실히 송원과 명청은 같이 취급할 수 없다. 진한과 수당은 더욱 그러하다. 그래서 상하 2000년은 또 네 부분으로 나뉜다. 제1제국인 진한은 441년이고 제2제국인 수당은 326년이며 제3제국인 송원은 416년, 제4제국인 명청은 543년이다. 그 밖의 369년은 분류가 불가능해 별도로 취급할 수밖에 없다.[10]

그 369년은 바로 위진남북조다.

위진남북조는 대단히 특수한 역사 시기로서 한나라를 제외한 어떤 왕조보다 오래 지속되었고 통일된 시간은 진나라보다 짧았으며 정치제도와 문화적 성격은 진한과도 수당과도 달랐다. 그리고 사회형태와 역사의식은 춘추전국과 가까웠다. 다시 말해 위진남북조는 춘추전국처럼 새로운 제도와 새로운 시대를 위한 준비 기간이었다.[11]

수나라는 진나라처럼 단명할 만했다. 왜냐하면 두 나라는 모두 일종의 탐색자이자 첨병이었기 때문이다. 맨 앞의 파도는 모래사장 위에서 사멸할 수밖에 없다. 수양제도 제단 위에 바쳐진 희생물에 불과했다. 그가 진나라 이세 황제나 진숙보보다 훨씬 나은 인물이었을지라도 말이다.

실제로 수나라는 남북조의 종결자이면서 당나라 문명의 선구자로서 과거와 미래를 이어주는 사명을 짊어지고 있었다. 그래서 모순과 분열을 보일 수밖에 없었다. 그 결과, 문제와 양제는 전혀 다른 황제 같고

10 중국 제국사의 시기 구분은 논쟁적인 문제다. 레이 황은 진한을 제1제국, 당송을 제2제국, 명청을 제3제국으로 구분하면서 그 이유로 당송은 개방성을, 명청은 보수성을 띠었다는 것을 들었다. 하지만 당나라의 탈라스 전투 이후, 중국 제국의 대외 확장은 기본적으로 중지되었으며 송나라의 판도는 역사적으로 가장 작은 면적까지 축소되었다. 단지 당 제국과 당 문명의 여러 특징이 이어졌을 뿐이다. 그래서 이 책에서는 당송을 함께 세계적인 문명으로 칭하면서도 따로 떼어 제2제국과 제3제국으로 나누었다. 그리고 네 제국의 시기 구분을 보면 진나라의 천하통일(기원전 221)부터 조비의 칭제(220)까지가 제1제국인 진한이고, 양견의 건국(581)부터 주전충이 당나라를 멸했을 때(907)까지가 제2제국인 수당이며, 조광윤의 칭제(960)부터 주원장의 건국(1368)까지가 제3제국인 송원이다. 그리고 마지막으로 주원장의 건국(1368)부터 신해혁명(1911)까지가 제4제국인 명청이다. 제3제국과 제

전기의 양제와 후기의 양제도 전혀 딴사람 같다. 이 때문에 사학자와 대중도 후기만 살핀 사람은 양제를 혹독히 비판하고, 전기만 살핀 사람은 양제의 명예 회복을 주장한다.[12]

하지만 이것은 중요한 일이 아니다. 양광이 양황제로 불려야 하는지, 명황제로 불려야 하는지는 사실 우리와는 아무 관계도 없다. 중요한 것은 제2제국에 대한 그의 성찰을 통해 더 명확하게 우리 운명과 선택을 확인하는 것이다.

그리고 이 모든 것은 양제의 죽음에서부터 이야기를 풀어가야 한다.

4제국 사이에만 공백이 없다. 위진남북조를 중국 제국에 편입시키지 않은 이유는 『이중톈 제국을 말하다』 참조.

11 조비의 칭제(220)부터 진숙보의 망국(589)까지 위진남북조는 369년간 유지되었다. 그리고 진무제에 의한 오나라의 멸망(280)부터 유연의 칭제(308)까지 서진의 중국 통일은 28년간 유지되었다.

12 일본 학자 게가사와 야스노리는 수나라가 두 개의 얼굴을 갖고 있다고 생각한다. 『빛나는 세계 제국: 수당시대』 참조.

의혹의 피살 사건

수양제는 강도江都에서 살해당했다.

  강도는 지금의 장쑤성 양저우揚州로 장안에서 천 리 밖에 떨어져 있
어 당연히 수나라의 수도는 아니었고 심지어 배도陪都(제2의 수도)에도
들지 못했다. 수나라의 배도는 사실 낙양이었다. 낙양과 강도는 모두
수양제가 가장 좋아하던 곳이었다. 그는 즉위하자마자 명을 내려 낙양
을 건설하게 했고 운하가 개통된 뒤에 세 번이나 강도에 내려갔으며 피
살되기 전까지 1년 반 넘게 강도에서 머물렀다.[13]

  하지만 양제가 강도를 좋아했다고 해서 효과군驍果軍까지 강도를 좋
아하지는 않았다.

  효과군은 황제를 지키던 어림군御林軍으로서 최정예 부대였다. 장비
가 훌륭해서 모두 투구를 쓰고 명마를 탔으며 개개인의 힘과 무공도
비범했다. 그런데 그들은 강도에 흥미가 없었다. 그 이유는 간단했다.   **018**

---

13 수양제가 낙양을 떠나 강도에 간 것은 대업 12년(616) 7월 10일이고 피살된 것은 대업 14년 3월
11일이다.

그 사나이들은 모두 관중關中(장안, 함양 등이 소재한 지금의 산시陝西성 중부) 사람이었기 때문이다. 강도는 놀러 오기나 좋을 뿐, 강도에서 늙어 죽을 마음은 없었다.

그런데 수양제는 서북쪽으로 돌아갈 계획이 없었다.

돌아가지 않는 것은 꼭 강도를 좋아했기 때문만은 아니었다. 사실은 돌아갈 수가 없었다. 대업大業 12년에 낙양을 떠나 강도에 갔을 때, 수양제의 사업은 이미 정점에서 밑바닥으로 곤두박질한 상태였다. 고구려 원정 실패로 백성의 원망이 비등했고 돌궐을 순시하다 하마터면 포로가 될 뻔했는데도 그는 뉘우치지 않고 자기 생각을 고집했다. 그 결과, 귀족부터 백성까지 모두 그를 원수처럼 여겨, 이 괴팍하고 독선적인 황제는 외톨이가 되고 말았다.

피살된 그해, 천하의 대세는 이미 수양제에게 대단히 불리했다. 만리장성 안팎에서 연일 위기를 알리는 봉화가 치솟았으며 황허강 위아래에서 반란군이 들판을 뒤덮었다. 제국의 수도인 장안도 당공唐公 이연에게 점령당하고 따로 황제가 옹립되어 의녕義寧으로 연호를 바꾼 상태였다. 그러니 이때 양제가 서북쪽으로 돌아간다고 해서 무엇을 할 수 있었겠는가? 설마 사촌형 이연과 손자 양유楊侑를 찾아가 '태상황太上皇' 노릇이라도 해야 했을까?

그는 어쩔 수 없이 강도에 눌러앉아 있을 수밖에 없었다.

그래서 효과군은 마음이 흔들렸다.

019

사실 향수병에 시달리던 효과군은 처음에는 모반할 마음까지는 없었다. 그들의 계획은 날짜를 정해 단체로 도주하는 것이었다. 어쨌든 수양제가 평소에 그들을 박하게 대하지는 않았기 때문이다. 그는 심지어 신하의 건의를 받아들여 그 부대가 강도에서 잘 지내도록 성생활 문제까지 해결해주었다.[14] 따라서 양제의 주변에서 은혜도 모르는 배신자만 나오지 않았다면 사태는 전혀 다르게 흘러갔을 것이다.

그 배신자는 삼형제였다.

삼형제의 이름은 각기 화급化及, 지급智及, 사급士及이었으며 허국공許國公 우문술宇文述의 귀한 자식들이었다. 우문술은 권문세가 출신의 선비족 귀족이자 개국공신으로서 제위 계승 과정에서 수양제의 오른팔 역할을 하여 절대적인 신임을 얻었다. 그래서 그 삼형제는 부친이 죽은 뒤에도 출세가도를 달렸다. 원래 온갖 패악을 저지르는 귀공자들이었고 그중 두 명은 살인죄까지 저질렀는데도 그랬다. 우문술이 죽기 전, 눈물을 머금고 애걸하는 바람에 수양제의 마음이 약해진 탓이었다.[15]

그것이 집안에 호랑이를 키우는 꼴이 될 줄 누가 알았겠는가?

그 삼형제 중 누가 흉계를 꾸몄는지는 확실치 않다. 하지만 어쨌든 효과군의 사령관 사마덕감司馬德戡은 "도망치는 것은 좋은 방법이 아닙니다. 모반을 하는 것이 살길입니다"라는 조언을 들었다. 사실 우문술은 생전에 관중 사람의 이익을 가장 잘 대변하는 인물이라는 평판을 들었으며 사마덕감 등의 효과군 장령들은 원래 그의 부하였다. 그래서

---

14 수양제에게 그 건의를 올린 사람은 황문시랑黃門侍郞 배구裴矩였다. 그래서 그는 쿠데타 와중에도 효과군의 보호를 받았다. 『수서』「배구전」 참조.
15 『수서』「우문술전」 참조.

우문 형제와 사마덕감은 바로 의견의 일치를 보았고 다른 사람들도 속속 그들 편에 붙었다.[16]

쿠데타가 빠르게 준비되었다.

하룻밤 사이에 병력이 정비되었고 3월 11일 새벽, 수문장 배건통裴虔通의 호응 아래 사마덕감은 부대를 이끌고 먼 거리를 이동해 곧장 황궁으로 쳐들어갔다. 그리고 교위校尉 영호행달令狐行達이 칼을 뽑아 들고 수양제의 면전에 들이닥쳤다.

양제가 물었다.

"네가 나를 죽이려 하느냐?"

"신이 어찌 감히 그러겠습니까. 삼가 폐하를 모시고 관중으로 돌아가고 싶을 뿐입니다."

말을 마치고서 영호행달은 무기를 내려놓고 양제를 부축해 누각 아래로 내려갔다. 양제는 어지러운 중에도 지금 부대를 이끌고 자기를 잡으러 온 사람이, 자기가 진왕晉王이었을 때 관저를 지켰던 옛 부하 배건통인 것을 알아보고 깜짝 놀랐다.

"어떻게 너까지 모반을 한 게냐?"

"신이 어찌 감히 모반을 하겠습니까. 단지 장병들이 몹시 고향을 그리워해 이럴 따름입니다."

수양제는 말했다.

"사실 짐은 막 관중으로 돌아갈 준비를 하고 있었다. 단지 군량을 실

---

16 효과군을 선동한 인물을 정사에서는 둘째 우문지급이라 하고 야사에서는 셋째 우문사급이라 한다. 하지만 그때의 역사는 위징魏徵 등에 의해 고쳐진 것이어서 야사가 더 믿을 만하다. 위안강袁剛, 『수양제전』 참조.

은 배가 오기를 기다리고 있었을 뿐이다. 그러니 우리는 곧 떠날 것이다."

배건통이 말했다.

"그것은 폐하께서 친히 모두에게 말씀해주서야 할 듯합니다."

그래서 배건통은 말 한 필을 끌고 와 수양제를 군신들 앞에 데려가려 했다. 하지만 양제는 안장이 누추해 체면이 상하는 것이 싫어서 극구 말에 오르지 않았다. 배건통이 할 수 없이 안장을 바꿔주고 나서야 그는 허세를 버리고 말에 올라 말고삐를 맡겼다.

그런데 반란군의 수령, 우문화급은 수양제를 만날 마음이 없었다. 그자는 원래 두 동생과 사마덕감의 성화에 억지로 수령 역할을 맡은 차였다. 쿠데타 과정에서 내내 불안에 떨고 있던 그는 이때 막 꿈에서 깬 듯 명령을 내렸다.

"뭐하려고 그자를 데려온다는 거냐? 어서 처단해라!"

결국 수양제는 다시 내전으로 돌아갔다.

적을 대하듯 칼을 들고 둘러싼 사마덕감 등에게 몇 마디를 묻고, 또 열두 살 된 사랑하는 아들이 배건통에게 살해되는 것을 빤히 보고 나서 수양제는 태연하게 말했다.

"천자는 알아서 죽는 방법이 있다. 독주를 가져와라."

양제는 오래전에 독주를 준비해 자신의 아름다운 여인들에게 맡겨놓았다. 당시 그는 그녀들에게 말했다.

"장래에 혹시 재난이 닥치면 너희가 먼저 마시고 짐이 따라 마시겠다."

하지만 안타깝게도 지금 그 여인들은 한 명도 보이지 않았다. 사마덕감 등이 더 시간을 끌기를 거부하여 양제는 부득이하게 영호행달을 시켜 자신을 목 졸라 죽이게 했다.

수나라도 동시에 멸망을 고했다.

망국은 아주 의외의 일은 아니었다. 양제도 아마 자신의 죽음이 수나라의 멸망을 위한 수속 처리라고 생각했을 것이다. 그는 일찍이 그날이 올 것을 예상했던 것 같다. 그래서 자기 목을 만지며 소蕭 황후에게 "이렇게 좋은 목을 누가 벨까?"라고 묻기까지 했다.[17]

하지만 그렇다고 해서 이 사건에 의혹이 없는 것은 아니다.

사실 사마건덕 등이 반란을 모의하고 있을 때 정보가 새나갔고 한 궁녀가 그것을 소 황후에게 알리기까지 했다. 그러나 소 황후는 그녀에게 "네가 황상에게 아뢰고 싶으면 아뢰어도 좋다"라고만 말했다. 그 결과, 양제는 그 궁녀를 죽였다. 나라의 큰일에 한낱 시녀가 참견했다는 것이 그 이유였다. 그래서 나중에 또 누가 위험을 알려왔을 때 소 황후는 이렇게 말했다.

"천하의 일이 벌써 수습할 수 없게 됐는데 구태여 황상에게 고민을 더 보태드릴 필요가 있겠느냐?"

그때부터 양제의 주변에는 기밀을 고하러 오는 사람이 사라졌다.[18]

---

17 위의 사적은 『자치통감』 185권 참조.
18 『수서』 「양제소황후전」 참조.

소 황후가 왜 그런 태도를 취했는지 아는 사람은 없다. 단지 수양제가 강도에서 조정 일을 게을리하고 방탕하게 지낼 때 황후가 타이르기는커녕 함께 모든 술자리와 파티에 참석했다는 사실만 알려져 있다. 그녀가 어떤 생각을 갖고 있었는지, 또 어떤 불만을 갖고 있었는지 보여주는 자료도 없다. 바꿔 말해 그녀는 남편이 파멸을 자초하는 것을 그대로 내버려두었다.

알고 보면 이른바 현모양처는 다 이런 식이다.

양제가 피살될 때도 그녀는 당연히 수수방관했다. 양제의 다른 어느여인처럼 남편을 따라 죽는 대신, 묵묵히 궁녀들과 함께 침대 나무로관을 만들어 함께 35년을 산 남편을 위해 뒷일을 처리했다. 아마도 그녀가 보기에는 그것만이 그녀가 해야 하고, 또 할 수 있는 일이었을 것이다.[19]

교양 있고 예절에 밝은 부인으로서 그녀가 그런 것은 결코 이상하지않다. 이상한 것은 반란군이 그녀를 털끝도 건드리지 않은 것이다. 보통 황제가 피살되면 황후도 죽음을 면치 못하는 것이 일반적인 상식이다. 과거에 남조 유소劉劭의 은殷 황후가 자신이 왜 화에 연루되어 무고하게 죽어야 하느냐고 물었을 때 집행관은 "황후이셨던 것이 죄입니다"라고 답했다.

그러면 소 황후는 어째서 무죄였던 걸까?

소 황후는 원래 무죄일 수 없었다. 그녀는 남방 사람인데다 남량南梁 **024**

---

19 완전히 믿을 만한 사료는 아니지만 양제가 해를 입기 전, 주朱 귀인이 나서서 반란군의 배은망덕함을 꾸짖다가 피살되었다는 기록이 있다. 「수양제해산기隋煬帝海山記」 참조.

황실의 후예였기 때문이다. 그녀의 고조부인 양무제 소연蕭衍, 증조부인 소명태자 소통蕭統, 조부인 소찰蕭詧과 부친인 소규蕭巋는 모두 남량의 황제였다. 수양제가 그토록 강남을 좋아한 것은 소 황후와 관계가 있었다.

더욱이 소 황후는 수양제에게 장식 같은 존재가 아니었다. 그가 진왕이었을 때 시집을 와서 평생을 그림자처럼 쫓아다녔고 모두가 인정할 정도로 영향력도 컸다. 그러므로 수양제가 강도에 눌러앉는 바람에 효과군의 반란을 촉발시켰다고 한다면 당연히 소 황후에게도 연대 책임이 있었다. 아울러 수양제가 여색을 즐겨 조정 일을 등한시했다고 해도 그녀는 황궁의 안주인으로서 책임을 져야 했다.

소 황후가 어떻게 무죄일 수 있었겠는가?

하지만 군주를 시해한 효과군도, 농민 봉기를 일으킨 두건덕竇建德도, 기회를 엿보던 돌궐인과 수나라를 반면교사로 삼았던 당태종도 모두 소 황후를 예의 바르게 대했다. 의심할 여지 없이 소 황후는 지혜롭고, 유순하고, 대국을 살피고, 남의 뜻을 잘 살펴서 덕 있는 여성으로 존경을 받을 만했다. 하지만 수양제 피살 전에 그녀가 위험을 알고도 알리지 않은 것이나 남편의 죽음을 모른 체한 것은 그래도 사람들의 의혹을 살 만하다.[20]

이 미심쩍은 사건은 아마도 영원히 의혹이 풀리지 않을 것이다.

수양제 자신은 더더욱 이해가 안 갈 것이다.

---

20 강도에서 쿠데타를 겪은 뒤, 소 황후는 반란군에 의해 요성聊城으로 끌려갔다. 우문화급이 패한 뒤에는 두건덕의 봉양을 받았고 그 다음에는 처라處羅 카간의 돌궐이 맞아들였으며 마지막에는 당태종이 장안으로 데려왔다. 그리고 당태종 붕어 1년 전, 80세의 고령으로 세상을 떠났다. 어떤 학자는 소 황후가 구사일생으로 살아남은 것은 수양제와 확실히 선을 그어 효과군의 장병들에게 존경을 받았기 때문이라고 생각한다. 하지만 이 주장은 설득력이 부족한 듯하다. 위안강, 『수양제전』 참조.

탕아

수양제는 죽기 전, 세 가지를 물었다고 한다.

먼저 "내가 무슨 죄가 있다고 이러느냐?"라고 물었다.

쿠데타를 일으킨 쪽에서는 당연히 자신들의 주장을 펼쳐 양제가 입을 다물게 했다. 하지만 양제는 여전히 이해 안 가는 점이 있었다.

"확실히 나는 백성을 볼 낯이 없다. 하지만 너희에게는 조금도 해를 끼치지 않았는데 왜 이렇게 나를 핍박하느냐?"

이 질문에는 아무도 답하지 못했다.

그래서 양제는 또 물었다.

"오늘 일은 누가 앞장을 섰느냐?"

사마덕감이 끝내 참지 못하고 입을 열었다.

"천하에 원성이 들리지 않는 곳이 없는데 당신을 죽이려는 자가 어디 한둘이겠소!"21

21 『자치통감』 185권 참조.

이 사람이 한 말은 사실이었을까?

아마 사실이었을 것이다. 통계에 따르면 수양제의 통치 후기에 발생한 반정부 무장세력이 사료에서 확인 가능한 것만 헤아려도 200개가 넘었다고 한다. 그중에는 귀족 출신의 이밀李密도 있었고 농민 출신의 두건덕도 있었다. 당나라의 명신 위징魏徵 등이 편찬한 『당서唐書』 「식화지食貨志」의 주장에 따르면 당시 도적이 되어 반란을 일으킨 자가 천하백성의 8, 9할에 이르렀다고 한다.[22]

위징이 언급한 수치는 당연히 과장이겠지만 그 절반에 그쳤다고 해도 대단히 공포스럽다. 따라서 죽기 전의 양제는 이미 세상 사람들이 다 손가락질하는 존재였다고 할 수 있다.

그러면 그의 죽음을 온 천하가 다 경축했을까?

그렇지 않았다. 반대로 그를 반대하던 이들까지 포함해 온 천하가 다 입을 모아 애도했고 우문화급의 무리는 지탄과 배척을 받았다. 그들은 먼저 이밀에게 필사적인 공격을 받았고 그 다음에는 두건덕에 의해 일거에 섬멸되었다. 이밀은 비록 큰 피해를 입긴 했지만 끝까지 후회하지 않았으며 두건덕은 더 분명한 태도로 수양제의 원수를 갚으려 했다.[23]

이것은 곱씹어볼 만한 일이다.

물론 그 안의 사정은 상당히 복잡했다. 예를 들어 이연은 거짓으로 애도했을 가능성이 크고 이밀과 두건덕은 정치적 도의를 위해 기치를

---

22 게가사와 야스노리, 『빛나는 세계 제국: 수당시대』 참조.

23 그때 당왕唐王 이연은 수양제가 죽었다는 소식을 듣고 대성통곡했다. 하지만 며칠 안 돼서 뻔뻔하게도 수공제隋恭帝 양유에게 황위를 양보해달라고 청했다. 양제의 죽음은 그 훗날의 당고조에게는 때가 되었다는 신호였을 것이다. 하지만 이밀과 두건덕은 매우 진지했다. 그 난신적자의 무리를 멸한 뒤, 두건덕은 소 황후를 만나 스스로 신하라 청했을 뿐만 아니라 상복을 입고 양제에게 제사를 올리기까지 했다. 그 농민 봉기의 우두머리는 "나는 수나라의 신하이므로 수나라의 군주를 시해한 자는 나의 원수다"라는 입장이었다. 그리고 이밀은 전선에서 상대를 향해, "너희는 대대로 나라의 은혜를 입고도 군주를 시해하고 역모를 꾸몄으니 천지가 용서하지 않으리라!"라고 꾸짖었다. 위의 사적은 『구

들었을 것이다. 그런데 확신할 수 있는 것은, 진나라 말에는 그런 일이 일어나지 않았다는 사실이다. 돌이켜보면 진나라 이세 황제가 죽은 뒤, 유방과 항우가 그를 위해 슬퍼하고 진승과 오광이 그의 원수를 갚아주었던가? 그러지 않았고 그럴 수도 없었다.

확실히 천하는 진나라 때는 오래 고통을 겪었지만 수나라 때는 꼭 그렇지는 않았다. 적어도 수문제 때는 진시황 때보다는 살기 좋았다. 예를 들어 수문제 양견은 건국 초에 명을 내려, 성인 남자들에게 3년간 조세와 요역을 면제해주었다. 이런 면세 정책은 진나라 때는 아예 존재한 적이 없었다.[24]

수나라는 결코 진나라가 아니었다.

문제 본인도 포악하거나 어리석지 않았다. 오히려 소박하고 근면한 나이든 농민과 흡사했다. 매일 조정에서 정무를 봐도 지칠 줄 몰랐고 평상시 밥을 먹을 때 고기반찬은 하나뿐이었으며 옷도 해지면 기워 입었다. 그는 백성의 고통에 관심이 많았고 관리의 부패를 미워했다. 심지어 일부러 덫을 놓으면서까지 관리들을 단속했는데, 예를 들어 측근을 보내 거짓으로 관리에게 뇌물을 주게 했다. 덫에 걸린 자는 당연히 죽음을 면치 못했다.[25]

하지만 공신과 오랜 친구에 대해서는 결코 인색하지 않아서 상을 받을 만한 사람에게는 꼭 상을 주었다. 백성을 다스리는 것도 소홀히 하지 않아서 방비해야 하는 일은 꼭 방비했다. 가장 어이없었던 일은 민

당서』와 『신당서』의 「이밀전」과 「두건덕전」 그리고 『자치통감』 185권과 187권에 나오며 따로 후지, 『수양제의 진상』을 참고하기 바란다.

24 개황 3년(583) 정월, 수나라 정부는 명을 내려 남자의 납세 연령을 18세에서 21세로 높였다. 하지만 18세에 경작지를 받는 규정은 바꾸지 않았다. 그래서 농민들은 경작지를 받은 후 실질적으로 3년간 면세 혜택을 받게 되었다. 이 정책은 농민들의 부담을 덜어주고 생산력을 발전시켰다. 『북사北史』 「수본기」, 『수서』 「식화지」 참조.

25 『수서』 「고조기」 참조.

간에서는 10미터 이상의 배를 갖지 못하게 규정한 것이었다. 적을 은닉할 수도 있다는 것이 그 이유였다.[26]

보아하니 그는 무슨 보살 같은 인물은 아니었던 것 같다.

수문제는 이런 사람이었다. 진시황처럼 열심히 정무를 보고 양무제처럼 근검절약했으며 한고조처럼 통이 크고 진효공처럼 형법을 엄격히 적용했다. 그래서 분열된 국토를 신속히 회복하고 번영으로 이끌어 수나라를 역사상 가장 부유한 왕조로 만들었다. 수나라가 가난에서 벗어나 부유해지기까지 걸린 시간은 역사상 가장 짧았다.[27]

이런 왕조가 망하는 것은 원래 말도 안 되는 일이었다.

따라서 여론이 일제히 수양제에게 창끝을 겨누고 그를 한창 흥성하던 왕조의 탕아로 간주한 것도 무리는 아니었다. 사실 그 '재벌 이세'의 성격과 스타일은 창업자이자 자린고비였던 부친과는 전연 딴판이었다. 큰 성과와 큰 업적을 추구하여 뭔가 있어 보이는 대규모 사업을 좋아했다. 더구나 이 사람은 똑똑하고 정력적이면서 고집불통에 안하무인이기까지 했다. 그래서 그가 어떤 일에 시동을 걸면 누구도 멈추지 못했다.

그 첫 번째 일은 낙양 건설이었다.

인수仁壽 4년(604) 11월 3일, 막 부친상을 치른 수양제는 친히 낙양에 가서 지형을 조사했다. 망산邙山에 올라가 멀리 이궐伊闕(지금의 허난성 뤄양 남쪽의 룽먼산龍門山)을 보았을 때, 그는 산봉우리 두 개가 마주해 있고

---

26 『독이지獨異志』하권 참조.
27 마단림馬端臨은 『문헌통고文獻通考』에서 "고금에 국가 경제가 가장 좋았던 나라는 수나라다"라고 했다. 첸무錢穆는 『국사대강國史大綱』에서 "수문제는 천하를 통일하고 얼마 안 돼서 서한 초에 고조, 혜제惠帝, 문제, 경제景帝가 3대 4제帝 60년간 백성의 부담을 줄이고 원기를 회복시켜 겨우 다 다른 목표를 실현했다. 문제의 유산은 이후 50~60년간의 정부 지출을 감당하기에 충분했다"고 했다.

그 가운데로 물줄기가 길게 흐르는 것을 보고서 흥분해 말했다.

"저것은 용문龍門이 아닌가? 왜 저기에 도읍을 지은 사람이 없는 게지?"

재상 소위蘇威가 말했다.

"바로 폐하를 위해 남겨진 겁니다."[28]

수양제는 매우 기뻐했다. 이듬해(605, 대업 원년) 3월 17일, 그는 양소楊素, 양달楊達과 우문개宇文愷 등에게 책임지고 새 도읍을 건설하라고 명했다. 양소는 수양제가 정권을 탈취할 때 옆에서 그를 도왔고 우문개는 수나라에서 가장 유명한 건축가 겸 설계사였다. 그리고 양달은 무측천의 외조부였다. 그는 낙양을 건설할 때 태원太原에서 온 목재상 무사확武士攫에게 자기 딸을 시집보냈다.

역사에도 역시 인연이 존재한다.

나흘 뒤(3월 21일) 양제는 또 조서를 내려, 황허강과 회하淮河를 연결하는 통제거通濟渠를 파서 낙양과 강도를 잇는 운하를 개통하라고 명했다. 그리고 동시에(3월 30일) 운하에서 쓰일 제국의 함대를 건조하라고 명하기도 했다. 함대의 규모는 크고 작은 배의 숫자만 무려 5000척이 넘었다. 그중 양제가 타게 될 용주龍舟의 건조는 오늘날 항공모함의 건조와 맞먹었다.[29]

그 프로젝트는 실로 어마어마했다.

동도東都(낙양), 운하, 함대 이 세 가지 대규모 사업을 동시에 추진할

---

28 『원화군현지元和郡縣志』 5권 「하남도일河南道一」 참조.

29 두보의 『대업잡기大業雜記』에서는 함대의 배가 모두 5191척이었다고 하고 또 누구는 5245척이었다고 한다. 위안강, 『수양제전』 참조.

만한 사람은 역시 수양제밖에 없었다. 그런데 불가사의하게도 그 거대한 프로젝트는 의외로 짧은 기간에 신속하게 완성되었다. 5개월 뒤 함대가 완공됐고 낙양에서 강도까지의 물길도 전 구간 개통되었다. 모든 것이 자기 계획대로 되어 의기양양해진 그는, 그해 8월 15일에 제1차 남방 순행을 떠났다.

곧이어 이듬해(606, 대업 2) 1월 6일에는 동도 낙양이 준공되었다. 앞뒤로 걸린 시간이 겨우 10달이었으니 역시 불가사의한 속도였다. 그래서 이미 강도에서 반년을 머무른 수양제는 다시 함대를 거느리고 호호탕탕 낙양으로 가서 4월 31일, 으리으리하게 입성식을 거행했다.

제국의 조정과 백성은 모두 수양제의 업적을 칭송했다.

그렇다. 그것은 확실히 과거에는 없던 대사업이었다. 단지 그 위대한 업적의 배후에 일반 백성의 희생이 있었을 뿐이다.

그때부터 화근의 씨앗이 뿌려졌다.

하지만 수양제는 그런 것은 생각하지 못했다. 단지 제국의 국고가 넘쳐나고 황제의 권력이 쓰기에 편하다는 것만 알았다. 이 세상에는 그가 생각 못하는 일만 있었을 뿐, 할 수 없는 일은 없었다. 그가 생각만 하면 다 이뤄졌다.

그래서 그는 또 북방 순행에 나섰다.

대업 3년(607) 4월 18일에 출발해 9월 23일 낙양으로 돌아오기까지 거의 반년 가까이 오늘날의 산시陝西성, 내몽골, 산시山西성, 허난성을 돌

있는데 그 위풍과 기세가 남방 순행 못지않게 성대했다.[30]

천재 발명가 우문개는 이 순행을 위해 접이식 천인대장千人大帳과 관풍행전觀風行殿이란 것을 설계, 제작했다. 전자는 거대한 천막이었는데 대규모 연회를 열 수 있었고 후자는 이동식 궁전으로 수백 명을 수용할 수 있었다. 그리고 관풍행전은 언제든 해체하고 설치할 수 있으며 밑에 바퀴만 달면 자유롭게 이동이 가능했다.

수행하는 군신들은 행성行城 안에 묵었는데 그것은 당연히 바퀴 달린 거대한 방이었다. 관풍행전의 외곽이 행성이었고 행성의 외곽은 철제 의자였다. 그것은 제국의 수도를 초원 위에 옮기고 길을 따라 운반하는 것과 같았다. 돌궐의 유목민들은 그 신기한 물건을 보고 앞다퉈 땅바닥에 엎드려 절을 했다.[31]

그 일로 수양제는 더욱 기가 살았다.

하지만 그는 여전히 만족하지 못했다. 대업 6년(610) 1월 15일에는 또 장안과 낙양, 두 곳에서 성대한 정월 대보름 연회를 열었다. 낙양의 연회 장소는 둘레 길이가 오천 걸음이었고 참가자는 관현악단만 1만 8000명이었다. 거리와 골목마다 초롱이 달리고 오색천이 걸렸으며 춤과 노래가 새벽까지 이어졌다. 그리고 양제는 투자를 유치해야 한다는 이유로 외국인에게는 일절 식사비를 못 받게 했고 그것이 중국의 관례라고 선전했다.

그런데 어느 이민족 상인이 물었다.

---

30 이 북방 순행의 기간에 관한 『자치통감』의 기록은 잘못되었다. 여기에서는 후지, 『수양제의 진상』과 위안강, 『수양제전』 참조.
31 『수서』 「우문개전」 참조.

"당신들 중국인도 사정이 꽤 어려워 보이는데 왜 무료 식당을 운영하고 또 비단을 나무에 걸어놓은 겁니까?"

질문을 받은 중국 상인은 부끄러워 대답을 하지 못했다.[32]

수양제는 그래도 괘념치 않고 계속 큰일을 벌였다. 남방 순행과 북방 순행 외에 고구려 원정까지 감행했다. 그 결과, 첫 번째 고구려 원정을 했을 때는 산동의 농민이 반란을 일으켰고 두 번째 고구려 원정을 했을 때는 양소의 아들이 반란을 일으켰으며 세 번째 고구려 원정과 세 번째 돌궐 순행을 했을 때는 전국이 다 반란을 일으켰다. 그가 세 번째로 강도에 내려간 것은 순행을 간 것이 아니라 도망을 친 것이었다.

남은 문제는 그 좋은 목을 누가 베느냐는 것뿐이었다.

033

그 캄캄했던 밤

수양제는 쉴 새 없이 큰일을 벌이다 죽음을 자초했다.

죽기 전 강도에 머무른 1년 반을 빼고는 수양제는 재위 15년간 거의 매년 큰일을 벌였고 단 한시도 쉬지 않았다. 하지만 그가 한 일이 다 해서는 안 되는 일이었다고 말할 수는 없다. 예를 들어 운하를 판 것은 그 혜택이 대대손손 이어졌고 고구려 원정은 수문제부터 당태종에 이르기까지 모든 황제의 숙원이었으며 당고종에 가서야 겨우 성공을 거두었다. 따라서 사실에 입각해 시비를 따진다면 수양제는 질책을 받아서는 안 된다.

단지 안타깝게도 양제가 큰일을 벌일 때마다 백성은 고난을 겪었다. 이 초인적인 정력의 황제는 큰일로 공을 세우는 것을 좋아했을 뿐만 아니라 당장 눈앞의 성공에 급급했기 때문이다. 그 바람에 매번 크게 일을 벌여 단숨에 해치우는 방식을 선호했고 명령을 집행하는 관리들은 할 수 없이 굼뜬 인부들을 채찍으로 다스렸다. 민중의 인내심이 극한에 다다랐을 때 붕괴된 것은 그들의 마음만이 아니다.

제왕이 백성의 힘을 고갈시키면, 대업은 쉽게 무너져버린다帝王苦竭生靈力, 大業沙崩固不難.[33]

수나라가 망한 것은 이 때문이었다.

확실히 문제는 수양제가 무슨 일을 한 데 있지 않고, 그가 일을 너무 빨리, 너무 몰아서 하는 바람에 백성을 학대한 데 있었다. 예를 들어 낙양을 건설할 때는 매달 200만 명을 동원해 10달 동안 연인원이 2000만 명에 달했다. 그렇다면 공사 기간을 10년으로 연장했으면 어땠을까? 혹은 운하 공사와 함대 건조와 행궁行宮 건축을 동시에 하지 않았으면 어땠을까? 백성의 부담이 그렇게 무겁지는 않았을 것이다. 적어도 숨 돌릴 틈은 있었을 것이다.[34]

그러면 수양제는 왜 그렇게 마음이 급했던 것일까?

잘 알려진 견해는 그가 제때 향락을 즐기려고 그랬다는 것인데, 소시민의 속된 취미와 엿보기 심리나 만족시키는 그런 논조는 취할 것이 못 된다. 시험 삼아 생각해보자. 그가 운하를 개통한 것이 그저 강남에 가서 산수를 즐기고 화류계나 드나들기 위해서였다면 돌궐을 순행하고 고구려를 원정한 것은 어떻게 설명해야 하는가? 맛있는 요리를 먹기 위해서? 아니면 신기한 것을 찾기 위해서?

035 　진지한 사학자들은 당연히 속된 문인들과는 견해가 다르다. 그들은

33 　당나라 호증胡曾, 「영사시詠史詩·아방궁阿房宮」.
34 　사학자 위안강이 이런 견해를 갖고 있다. 위안강, 『수양제전』 참조.

다른 쪽으로 더 생각이 기울었다. 수양제는 부정한 방법으로 제위에 올랐기 때문에 서둘러 자신의 능력을 발휘해 일찍 성과를 내기를 바랐고 또 단숨에 대업을 완성해 삼황오제를 뛰어넘으려 했다는 것이다.[35]

그러면 똑같이 부정한 방법으로 제위에 오른 당태종은 왜 조급해하지 않은 것일까?

이에 대한 설명은 다음과 같다. 수양제의 실패를 교훈으로 삼아서 당태종은 정치적 업적보다 민심이 더 중요함을 깨달았고 권력을 남용해서는 안 된다는 것도 깊이 이해했다. 사실 천하를 평정하고 대권을 손에 쥔 이후, 그 역시 갖가지 욕망이 끓어오르기는 했다. 그래서 하마터면 직언을 고하는 위징을 죽일 뻔하기도 했고 독단적으로 고구려 원정을 떠나기도 했다.

당태종과 수양제는 동전의 양면에 불과했다.

그러면 그들은 정말로 부정한 방법으로 제위에 올랐을까?

당태종은 확실히 그랬다. 그는 현무문玄武門의 정변을 일으켜 형 이건성李建成과 동생 이원길李元吉을 죽이고 제위를 탈취했다. 이 사건의 진상은 당나라인의 역사 왜곡으로 인해 모호해져버렸지만, 어쨌든 당태종이 골육상잔으로 부정하게 제위에 오른 것만은 누구도 부정할 수 없는 사실이다.(다음 장 참조)

수양제는 꼭 그렇지는 않았다.

당태종처럼 수양제도 황자들 중 서열이 두 번째였다. 태종에게는 형 **036**

35 일본의 사학자 게가사와 야스노리가 이런 견해를 갖고 있다. 게가사와 야스노리, 『빛나는 세계 제국: 수당시대』 참조.

이건성이 있었고 양제에게는 형 양용楊勇이 있었다. 양용과 양광은 다 적자嫡子였다. 독고獨孤 황후가 아예 수문제가 다른 여자에게서 아이를 갖는 것을 불허했기 때문이다. 그리고 적자 중에서 장자를 세우는 종법제도에 따라 황태자는 양용일 수밖에 없었다.

그러나 마지막에 제위를 이은 사람은 양광이었다.

그리고 제위에 오른 당일, 양광은 양용을 죽였다.

이로 인해 사람들은 수양제가 부정한 방법으로 제위에 올랐다고 생각하게 되었다. 틀림없이 그가 음모를 써서 수문제로 하여금 양용을 폐하고 자신을 태자로 삼게 했다고 여긴다. 심지어 수문제의 죽음도 일반적으로 양광에게 책임이 있다고 믿어진다. 그 흉수로 그의 측근으로 간주되는 양소와 장형張衡이 지목되었기 때문이다. 유일하게 불확실하고 논쟁의 여지가 있었던 것은 그 살해를 양광이 지시했는지, 묵인했는지, 아니면 방임했는지에 관한 여부뿐이었다.[36]

애석하게도 이 문제에 있어서는 정사와 야사 모두 신뢰가 안 간다. 수양제가 폭군으로 규정된 후로 사료의 선택에 선입견이 끼어들었기 때문이다. 하물며 관에서 편찬하는 정사는 금기가 있게 마련이고 민간의 야사는 또 과장을 즐겨서 결국 사건의 진상은 더 이상 알아볼 수 없게 돼버렸다.

그래도 『수서隋書』의 기록을 살펴보기로 하자.

그때는 캄캄한 밤이었는데, 당시 병이 위중했던 수문제는 갑자기 잘

---

36 이에 대해 사마광의 『자치통감』은 말을 얼버무린다. 위안강의 『수양제전』에서는 양광이 양소에게 자신의 의도를 알렸고 장형이 병상의 수문제를 죽였다고 추측한다.

못 보내진 편지 한 통을 받았다. 그 편지는 양소가 양광에게 쓴 것이었고 내용은 양광의 질문에 대한 답변이었다. 그 질문은 황제가 곧 붕어하면 어떻게 대응해야 하느냐는 것이었다. 수문제가 그 편지를 읽고 이미 성이 나 있는데 공교롭게도 이번에는 총비 진陳 부인이 와서 양광이 자신에게 무례한 짓을 저질렀다고 성토를 했다. 화가 머리끝까지 난 문제는 이미 태자 양용을 폐하고 양광을 대신 태자로 세웠던 것을 되돌려 다시 후계자를 정하기로 했다.

이것이 「양소전」의 견해다.

그 뒤의 이야기는 『수서』 안에서도 말이 일치하지 않는다. 「양소전」을 보면 양광은 그 소식을 듣고 즉시 양소와 대책을 상의했다. 그리고 양소는 바로 거짓 조서로 궁전을 봉쇄한 뒤, 장형을 보내 문제를 시중들게 했다. 그런데 그날 밤 문제가 붕어하는 바람에 궁전 안팎으로 의론이 분분해지고 곳곳에 유언비어가 퍼졌다.

하지만 「선화부인전宣華夫人傳」에서는 말이 다르다. 문제는 진 부인의 하소연을 듣고 노발대발하여, "짐승 같은 놈! 이런 놈에게 어떻게 큰일을 맡기겠는가!"라고 말했다. 그러고서 마침 옆에 있던 양용의 패거리인 류술柳述과 원암元岩에게 "내 아들을 불러와라!" 했다.

류술과 원암이 물었다.

"태자를 말씀하시는 겁니까?"

"아니다. 양용이다."

　그래서 류술과 원암은 바깥으로 나가 조서를 기초한 뒤, 마침 당직을 서던 양소에게 가져가 보여주었다. 이에 놀란 양소는 즉시 양광에게 몰래 소식을 알렸고 양광은 당장 진 부인을 비롯한 문제 곁의 여자들을 다른 장소로 옮기는 한편, 장형을 보내 내실에 들어가 문제를 시중들게 했다. 그리고 얼마 안 돼서 문제가 붕어했다.

　이것이 바로 "가장 믿을 만하다"는 정사의 견해다.

　하지만 위의 견해는 의문투성이다. 예를 들어 사건이 터졌을 때 양소가 몰래 소식을 전한 것일까, 아니면 양광이 양소를 찾아가 대책을 상의한 것일까? 장형을 보내 내실에 들어가게 한 사람은 양소일까, 양광일까? 그리고 장형은 내실에 들어간 뒤, 우연히 문제의 죽음을 본 것일까, 아니면 직접 문제를 죽인 것일까? 직접 죽였다면 그것은 양소나 양광이 지시하거나 암시한 것일까, 아니면 그가 혼자 생각으로 그런 것일까?

　기본적인 사실조차 불확실한데 어떻게 믿음이 가겠는가?

　더구나 논리도 안 맞는다. 『수서』 「고조기」의 기록에 따르면 수문제는 대보전大寶殿에서 붕어했으며 그 전에 양소, 류술, 원암은 모두 같은 대보전 내 전각에서 대기 중이었다. 그리고 「양소전」을 보면 양광도 당시 대보전에 있었다. 다시 말해 양소와 양광은 같은 공간에 있었던 것이다. 그렇다면 그 두 사람이 굳이 편지를 주고받을 필요가 있었을까? 설마 나중에 둘이 대책을 상의할 때도 역시 편지를 이용했단 말인가?

게다가 그렇게 중요한 편지를 어떻게 잘못 보낼 수 있었을까? 하물며 양소는 당시 문제 곁에 있었는데, 그가 양광에게 쓴 편지가 어떻게 밖으로 나갔다가 한 바퀴 빙 돌아서 문제의 수중에 들어간 걸까? 그리고 문제는 그 편지를 읽고 양소가 양광과 한패거리인 것을 알았을 텐데 어째서 양소를 처리하지 않은 것일까?

진 부인의 일도 미심쩍기는 마찬가지다. 그녀는 어떻게 이르지도 늦지도 않게 딱 그 편지가 도착한 시점에 양광을 고자질했을까? 우연이 다소 지나치지 않은가. 더욱이 『수서』 「선화부인전」에 따르면 그녀는 원래 양광이 큰돈을 주고 매수해 문제 곁에 심어놓은 첩자였다. 그날 밤 문제가 세상을 떠난 뒤, 양광은 그녀에게 동심결(남녀 간 사랑의 정표로, 풀리지 않도록 묶은 매듭)을 선물하고 동침까지 했다고 한다. 그렇다면 더더욱 이상하다. 그런 여자가 왜 양광을 무고해 위험한 지경에 빠뜨리려 한 걸까?

위징 등도 말이 안 된다고 생각했는지 다른 이야기를 하나 날조 혹은 채택해 집어넣었다. 진 부인이 양광에게 선물 상자를 받았는데 그 안에 독약이 들어 있는 줄 알고 감히 열어보지 못했다는 것이다. 이와 관련하여 어떤 학자는 진 부인이 사실 양용과 같은 편이었으며 문제의 두 공주와 동맹을 맺고 양광을 적대시했다고 생각한다.[37]

어쩌면 그녀는 이중간첩이었는지도 모른다.

그녀의 공모자 중 한 명은 류술의 아내, 난릉공주蘭陵公主였다고 한다. **040**

---

37 위안강, 『수양제전』 참조.

그렇다고 한다면 이 사건은 전혀 다른 음모였을 수도 있다. 이른바 양소가 양광에게 보냈다는 답장은 사실 류술과 원암이 위조한 것이며 진 부인은 적절한 시점에 불난 데 기름을 끼얹은 것이다. 그 목적은 당연히 양광을 처치하고 양용을 복권시키는 것이었다. 그런데 양광과 양소가 한 발 앞서 국면을 제압해버렸으니, 그날 밤에 양광이 진 부인과 동침했다는 것은 황당무계한 소리에 불과하다. 그리고 문제가 자연사했는지, 피살되었는지는 이미 중요하지 않다.

물론 이 견해를 위징 등이 절대 채택했을 리 없다.

하지만 문제가 붕어한 날 밤, 무슨 일이 일어난 것만은 확실하다. 그 일은 양용과 양광 간 후계 투쟁의 연속이었다. 당연히 그 투쟁의 진상은 이미 위징과 사마광에 의해 은폐, 왜곡되었으며 또 후대의 수많은 문인에 의해 저속하고 과장된 설명이 양산되었다. 그것이야말로 제2제국의 결정적인 비밀이었는데도 말이다.

그러면 그 사건을 파헤쳐 진상을 밝힐 관건은 또 어디에 있을까?

대운하에 있다.

대운하

대운하는 수양제의 길이 남을 걸작이다.

오늘날에는 고속열차를 타고 항저우에서 북쪽으로 6시간만 달리면 베이징에 도착하므로 그 당시의 남북 대운하가 생각날 일이 별로 없다. 교통이 불편했던 시대에 제국의 대동맥으로서 대운하가 얼마나 특별한 의미가 있었는지 아는 사람은 거의 없다. 돛을 펴고 멀리 운행하던 그 배들에는 곡식과 비단뿐만 아니라 한 민족의 오랜 소망이 실려 있었다.

그 소망은 바로 남북의 소통이었다.

잘 알려진 대로 지형적인 원인으로 중국의 주요 하천은 모두 서쪽에서 동쪽으로 흐른다. 그래서 황허강 유역과 창장강 유역의 물자 교환과 문화 교류는 육로로 진행될 수밖에 없었다. 하지만 수레와 말로는 배를 당해낼 수 없었다. 비용이 낮고 효율이 높은 선박 수송이야말로 고

대사회의 운송업에서 가장 나은 선택이었다.

운하의 개통은 꼭 필요한 일이었다.

그래서 춘추시대에는 창장강과 회하를 잇는 한구邗溝가, 전국시대에는 회하와 황허강을 잇는 홍구鴻溝가 개통되었고 또 진나라 때는 단도곡아丹徒曲阿가, 수문제 때는 산양독山陽瀆이 개통되었다. 산양독이 개통된 이듬해에 수문제는 진陳나라를 멸하기 위한 전쟁을 일으켰다. 그런데 8로路로 나뉜 그의 대군 중 단지 1로만 산양독을 이용했다. 이에 대해 그가 운하와 관련해 병사와 식량의 운송뿐만 아니라 더 원대한 계획과 구상을 갖고 있어서 그랬다고 생각하는 학자도 있다.[38]

그 구상은 수양제가 완성해야만 했다.

실제로 그는 그 구상을 단순히 완성하는 데 그치지 않고 순식간에 다 이루었다. 대업 원년에 통제거의 공사를 시작해 대업 6년 강남하江南河를 개통함으로써 남쪽의 여항余杭(지금의 항저우)부터 북쪽의 탁군涿郡(지금의 베이징)까지 해하海河, 황허강, 회하, 창장강, 전당강錢塘江 5대 수계를 관통하는 전체 길이 4000여 리의 운하를 완성했다. 이로써 진령秦嶺에서 회하를 잇는 800밀리미터 등강수량선을 경계로 갈라지는 남방과 북방이 하나로 연결되었다.

대운하는 사실 남쪽 구간과 북쪽 구간으로 나뉜다. 북쪽 구간에서는 영제거永濟渠가 황허강과 해하를 이었고 남쪽 구간에서는 통제거가 황허강과 회하를, 한구가 회하와 창장강을, 그리고 강남하가 창장강과

---

38 천비셴陳璧顯 주편, 『중국대운하사』 참조.

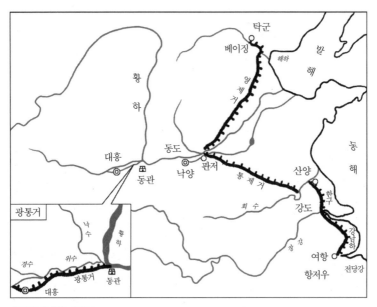

수나라 시대의 대운하

전단강을 이었다. 남쪽 구간과 북쪽 구간이 만나는 곳은 낙양이었다. 다시 말해 낙양이 남북 대운하의 중심이었다.

당연히 낙양은 수양제의 지휘 본부이기도 했다.

따라서 낙양과 운하를 이해하면 곧 수양제를 이해하게 된다.

하지만 이것이 누가 태자가 된 것과 또 무슨 관계가 있을까?

바로 양광이 후계 투쟁에서 승리한 것이 진정한 '정변政變' 즉 정치 노선의 변화였다는 것과 관계있다. 정변의 배후에는 이익집단의 권력투쟁뿐만 아니라 정치파벌의 노선투쟁도 있었다. 그중에서 양용은 서북파를, 양광은 남방파를 대표했다. 양광이 낙양을 수도로 삼고, 운하를 건설하고, 강도에 세 번 순행을 간 것은 다 그것 때문이었다.[39]

파벌의 형성은 수문제 때 이뤄졌고 우세했던 쪽은 서북파였다. 서북파의 정식 명칭은 관롱關隴 집단이었는데, 관중과 농산隴山(지금의 류판산六盤山) 일대를 점유한 정치, 군사 세력이었다. 사실상 그것은 서위, 북주, 수, 당에서 모두 활약한 정치집단이었다. 서위의 집권자이자 북주의 설립자인 우문태宇文泰, 수나라의 설립자 양견, 당나라의 설립자 이연은 모두 이 집단에 속했다.

게다가 모두 무천武川 출신이었다.

무천은 곧 무천진武川鎭으로서 북위 건국 초, 도무제道武帝 척발규拓跋珪가 북방의 변경에 설치한 6대 군구軍區(육진六鎭) 중 하나였으며 우문태, 양견, 이연의 선조는 모두 무천진의 직업군인이었다. 북위 말기

045

---

39 게가사와 야스노리, 『빛나는 세계 제국: 수당시대』와 장궈강張國剛이 쓴 이 책의 중국어판 서문 참조.

에 천하에 대란이 일어났을 때, 우문태는 명을 받아 군구의 위치를 관중으로 바꾸었다. 그래서 현지 토호들과 결합해 있던 무천집단은 다시 관롱 집단으로 바뀌었다. 한족화된 선비족이었던 우문태는 그 집단 성원들의 본적을 관중으로 바꿨을 뿐만 아니라, 그들에게 선비족의 성씨까지 하사했다. 예를 들어 양견의 아버지 양충楊忠은 보륙여普六茹라는 성을, 이연의 조부 이호李虎는 대야大野라는 성을 하사받았다.[40]

그래서 이 집단의 특징은 무천 군벌, 관롱 귀족, 혼혈 가문 이렇게 열두 글자로 개괄된다.

이 때문에 양견은 쉽게 왕조를 바꿀 수 있었다. 그것은 같은 통치 집단 내부의 교체였을 뿐, 결코 집단의 근본적인 이익을 저해하지는 않았다. 마치 어느 회사에서 일 못하는 사장을 더 유능한 사람으로 갈아치운 것이나 마찬가지였다. 주주들은 기득권을 잃을 리가 없었을 뿐만 아니라 오히려 더 많은 배당금을 받을 수 있었으므로 반대할 이유가 전혀 없었다.[41]

의심의 여지 없이 그 집단의 정치 노선은 필연적으로 관중을 중심이나 기지로, 발판과 출발점으로 삼아 관중 위주의 정책을 시행했다. 황태자 양용이 대표한 것이 바로 그 이익집단과 그들의 정치 노선이었다.[42]

하지만 양광은 달랐다.

양견의 차남이자 소비蕭妃의 남편으로서 22세에 양주총관揚州總管을

40 조익趙翼, 『이십이사차기二十二史箚記』와 천인커陳寅恪, 『당대정치사술논고唐代政治史述論稿』 참조.
41 조익은 『이십이사차기』에서 "예로부터 수문제만큼 천하를 쉽게 얻은 이는 없다"고 했다.
42 관롱 집단과 관중 위주 정책에 대한 개념은 천인커 선생이 제시했다. 그리고 양용과 양광의 노선 투쟁에 관해서는 게가사와 야스노리, 『빛나는 세계 제국: 수당시대』 참조.

맡은 그 황자는 적어도 감정적으로는 남방에 더 기울어졌다. 강도를 10년간 지키면서 그는 남방의 문화를 몹시 흥미로워했고 남방의 사족士族을 최대한 존중했다. 심지어 그 지역 사투리까지 유창하게 구사했다. 종교적인 점에서도 양광은 양용과 사뭇 달랐다. 양용은 삼계교三階教를 믿었지만, 양광은 천태종天台宗을 적극적으로 추종하여 계율을 받고 천태종의 속가제자가 되기까지 했다.[43]

양광은 강남 세력의 엄연한 대변인이 되었다.

또한 바로 그 기간에 양광은 양소와 정치적 동맹을 맺었는데 바로 우문술이 중간에서 다리를 놓았다. 그것은 '남방파' 혹은 '2인자파'라 불릴 만한 연합전선이었다. 양광은 황자들 중 서열이 두 번째였고 위에 형 양용이 있었다. 양소도 대신들 중 서열이 두 번째였으며 앞에 재상 고경高熲이 있었다. 강남 사족의 제국에서의 정치적 지위도 마찬가지였다. 관중 출신의 득세로 인해 그들은 2등 신민이 되어 있었다.

이제 마음속에 불만을 품은 '2인자'들이 손을 잡았다. 그러면 오랜 억압을 못 참고 떨쳐 일어난 그들은 성공할 가능성이 있었을까?

가장 중요했던 것은 수문제의 태도였다.

그의 태도는 황태자를 바꾸기 전에 이미 표출되었다. 개황開皇 19년(599) 8월 10일, 다시 말해 양용이 황태자 자리를 잃기 1년 전, 건국 이후 계속 재상직을 맡아온 고경이 파면을 당하고 하마터면 죽을 뻔했다. 수나라의 개국공신인 그가 거의 재직 20년 만에 갑자기 그런 일을

---

43 삼계교와 천태종은 다 중국 불교의 종파다. 삼계교는 보법종普法宗이라고도 하는데 창시자는 수나라의 신행信行이다. 그리고 천태종은 법화종法華宗이라고도 하며 창시자는 진陳나라의 지의智顗다. 개황 11년(591) 11월 23일, 지의가 강도성 내 양주총관부에서 양광에게 보살계를 내렸다. 개황 20년(600), 수문제는 삼계교를 금지했다.

당한 이유는 아마도 하나밖에 없었다.[44]

이제 수문제에게 그가 대들보가 아니라 걸림돌이 되었기 때문이다.

사실 수문제는 양용을 폐하고 양광을 새 황태자로 세우기 전, 그 늙은 재상에게 의견을 물었다. 고경은 대경실색하여 바닥에 넙죽 엎드렸다.

"장유유서인데 태자를 어찌 그렇게 쉽게 폐하려 하십니까?"[45]

문제는 입을 다물었다. 그리고 얼마 후 고경은 파면되었다.[46]

고경과 마찬가지로 삼계교도 된서리를 맞았다. 중국 불교의 이 종파는 양광이 새 황태자가 된 뒤, 역시 수문제의 명령으로 포교가 금지되었으며 그 시기는 개황 20년(600)이었다. 이 일은 그리 놀라운 일이 아니었다. 당시 고경이 삼계교의 가장 유력한 지원자였기 때문이다.[47]

여러 단서를 통해 그 분쟁의 총감독이 수문제 자신이었고 양광과 그의 당파 혹은 공모자들은 단지 시류에 순응했을 뿐이라는 것을 알 수 있다. 양제는 훗날의 옹정제雍正帝처럼 합법적으로 제위를 계승했다. 문제의 죽음에 그가 어떤 역할을 했는지는 이미 중요하지 않다.[48]

그러면 수문제는 왜 황태자를 갈아치우려 했을까?

정치 노선을 바꾸기 위해서였다. 실제로 수문제는 건국 초에 북주와의 결별을 명확히 표명했다. 이를 위해 그는 정치체제의 개혁(제3장 참고)을 진행했고 만년이 되어서는 관중 위주의 정책을 반성하기 시작해 결국 황태자를 바꾸기로 결심했다. 하지만 안타깝게도 양제는 그의 정치적 유훈을 수행하며 지나치게 서두르고 과격했던 탓에 관롱 집단 전체

---

44 양용이 황태자의 자리를 잃은 시점은 개황 20년(600) 10월 9일로, 고경의 파면으로부터 딱 1년이 지난 뒤였다. 고경의 파면 사유는 고구려 원정에 소극적이었다는 것인데 단순한 억지에 불과했다. 사실 고경은 처음부터 그 원정을 반대했으므로 원정 실패의 책임은 마땅히 문제가 져야 했다.

45 『수서』「고경전」 참조.

46 고경이 파면된 데는 한 가지 이유가 더 있었다. 수문제는 고경이 양용과 한패가 아닌지 의심했다. 그가 황태자가 머무는 동궁東宮의 경비대를 자기 곁으로 옮기려 했을 때 고경이 반대했기 때문이다. 이밖에도 그에게 독고 황후와 한왕 양량楊諒이 고경에 대해 안 좋은 소리를 한 탓도 있다. 『자치통감』 178권 참조.

의 심기를 거스름으로써 끝내 명예와 목숨을 다 잃고 말았다.[49]

이렇게 보면 소 황후에 대한 처우는 더욱더 이해가 안 간다.

하지만 수양제는 그렇지 않다. 사실 운하 개통과 낙양 건설은 모두 옛날 북위 효문제孝文帝 척발굉拓跋宏도 했었고, 또 하고 싶어한 일이었다. 더욱이 장기간의 혼란과 분열을 거친 뒤에는 많은 황제가 남북의 소통을 꾀하곤 했다. 수양제 역시 마찬가지였다. 이를 위해 그는 동도 건설과 운하 개통을 동시에 추진하는 것도 마다하지 않았고 그 결과 민족에게는 천추의 위업을, 자신에게는 영원한 악명을 남겼다.[50]

대운하는 엄청난 공적이었지만 백성의 혹사와 국고의 탕진을 야기했다.

당연히 우리는 고대의 어떤 인물에게 "주권은 국민에게 있다"는 민주주의 사상을 기대할 수는 없다. 하지만 그가 "백성이 귀하고 군주는 가볍다民貴君輕"는 성인의 가르침을 잊었다고 비판할 수는 있다. 사실 수양제는 사람을 사람으로 보지 않았다. 그의 눈에 비친 백성은 마음대로 부리고 죽일 수 있는 가축에 지나지 않았다. 요컨대 맹자가 말한 대로 "군주가 신하를 하찮게 보면 신하는 군주를 원수로 보게君視臣如土芥, 則臣視君爲寇仇" 마련이니 사마덕감이 그에게 한 말은 결코 허언이 아니었다.

수양제는 사실상 자신이 지닌 절대권력 때문에 죽임을 당했다.

다행히 누군가는 수양제의 파멸에서 교훈을 얻었다. 그리고 그 사람이 말한 대로 "물(백성)은 배(군주)를 띄우기도 하고 뒤집기도 한다水能載

049

47 그것은 삼계교가 입은 첫 번째 타격이었다. 그 후에는 무측천과 당현종이 재차 금지령을 내렸다. 삼계교는 당덕종 때 다시 부흥의 기미를 보이기는 했지만 당말 송초에 완전히 소멸되었다.

48 양광이 제위를 이은 뒤 고경은 다시 기용되었지만 결국 피살되었다. 양소는 대업 2년에 병사했다. 죽기 전에 수양제가 약을 하사했지만 거절하고 죽음을 택했다. 『수서』 「고경전」과 「양소전」 참조.

49 사실 개황 10년까지만 해도 수문제는 여전히 관중 위주의 정책을 고수했다. 하지만 개황 12년에 양광을 황태자로 선택했을 때 이미 정치 노선의 전환을 결정했다. 게가사와 야스노리, 『빛나는 세계 제국: 수당시대』와 장귀강이 쓴 이 책의 중국어판 서문 참조.

50 『위서魏書』 「이충전李沖傳」에 따르면 효문제 척발굉은 남쪽에서 북쪽으로 대운하를 건설해 황

舟, 亦能覆舟." 한 정권이 만약 백성의 이익을 최우선으로 삼는 대신, 거꾸로 백성과 이익을 다투고 백성을 적으로 삼는다면 그 정권의 패망은 시간문제일 뿐이다.

우리는 그 사람이 바로 당태종이었다는 것을 알고 있다.

하를 넘어 바로 회하와 연결하고자 하며 그것이 '군국軍國의 대계'라고 생각한다고 이충에게 말했다고 한다.

수양제는 남북을 소통시켰고 당태종은 한족과 이민족을 융합시켰다. 천카간天可汗이 된
당태종은 정관의 치를 열었다. 그런데 위징이 말하길, "지금 폐하의 위엄과 덕망은 예전과
비교할 수 없이 높아졌지만, 백성의 지지는 지금이 예전보다 못합니다"라고 했다.

고조 이연

수양제가 강도에 피신해 있을 때 이연은 장안을 치기로 결정했다.

그때는 대업 13년(617), 봄에서 여름으로 넘어가던 시기로 각지에서 수나라에 반대하는 투쟁이 격화되고 있었다. 두복위杜伏威가 역양歷陽을 점령했고 두건덕은 칭왕을 했으며 양사도梁師道는 삭방군朔方郡을 점거해 군대를 일으켰다. 또한 유무주劉武周는 군대를 이끌고 분양汾陽에 입성했고 이밀은 심지어 흥락창興洛倉을 함락시켜 동도를 위협했다. 이제 제국에 남은 요지는 장안, 낙양, 강도를 제외하면 오직 태원뿐이었다.[1]

태원은 예사로운 지역이 아니었다. 수도 장안과 동도 낙양을 지키는 북방의 군사 요충지로서 따로 북도北都라고 불렸다(수양제가 있던 강도를 남도라고 불렀던 것 같다). 수양제가 남방 순행에 나서기 전, 이연을 태원유수太原留守로 임명하고 그 관할 구역의 군사권을 모두 넘긴 것은 꼭 부

---

1 『신당서』「고조황제본기」에 의하면 당시 반란을 일으킨 자는 모두 49명이었다. 그중 칭제를 한 자가 4명, 칭왕을 한 자가 8명이었고 그들은 전국 각지에 분포되어 있었다.

주의해서 그런 것이 아니었다.

이연은 신임을 받을 만했던 것 같다.

우문태, 양견과 마찬가지로 이연 일가도 무천 군벌이자 관롱 귀족이면서 혼혈 가문이었다. 이연은 양광보다 두 살 많은 이종사촌 형이기도 했다. 물론 이 사실은 별로 중요하지 않았다. 황위와 최고 권력을 차지하기 위해 친형제도 골육상잔을 벌였는데 사촌형제 사이가 무슨 의미가 있었겠는가?

사실 양제가 그를 임명한 데에는 나름대로 계산이 있었다. 태원의 북쪽은 돌궐이었으며 장성 안쪽의 사방도 다 반정부 무장세력이었다. 동쪽에는 두건덕, 서쪽에는 양사도, 남쪽에는 이밀, 북쪽에는 유무주가 있었다. 그래서 수양제는 이연이 막는 데 급급해 아예 말썽을 못 피울 것이라고 생각했다. 설마 그 사촌형이 기회를 틈타 다섯 지역의 군대를 송두리째 자기 것으로 만들 줄은 예상하지 못했다.

그는 당연히 이연이 돌궐과 손을 잡는 것도 예상하지 못했다.

하지만 맨 처음 이연의 동태는 확실히 양제가 마음을 놓을 만했다. 전국 각지에서 반란이 일어나고 있는데도 이연이 있는 태원은 이상하게 조용했다. 그 군사 요충지는 소용돌이의 중심에서 멀리 떨어져 있는 듯했고 이연 본인은 계속 주색과 탐욕에 빠져 아무 의지도, 생각도 없어 보였다.[2]

그런데 별안간 그가 반란을 일으켰다.

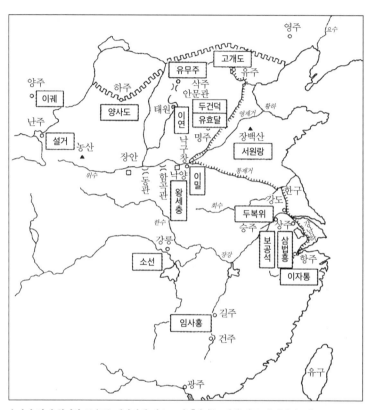

수나라 말에 할거한 군웅들. 게가사와 야스노리, 『빛나는 세계 제국: 수당시대』 참조.

그 반란은 겉으로 보면 강요에 의한 것인 듯했다. 봄기운이 완연한 어느 밤에 배적裴寂이라는 사람이 이연을 술자리에 초대했다. 당시 수양제는 태원에 진양궁晉陽宮이라는 행궁을 두었는데 배적은 그 진양궁의 부감副監이었고 이연은 태원유수이면서 그곳의 총감을 겸했다. 부감이 총감을 대접한 것은 이치상 당연한 일이었다.

관리들의 술자리에는 으레 시중드는 여자들이 있곤 했다. 그런데 술자리가 파한 후, 배적은 이연에게 그 여자들이 진양궁의 궁녀였다고 실토했다. 황제의 여자를 건드리는 것은, 설사 그 여자가 황제에게 버려진 상태라고 하더라도 용서받을 수 없는 대역죄였다. 덫에 걸려든 이연은 크게 당황해서 배적에게 어떻게 해야 되는지 물었다. 이에 배적은 말했다.

"방법은 반란뿐입니다."

나아가 배적은 반란의 시기가 무르익었으며 준비도 다 됐다고 말했다. 이연의 차남인 이세민이 벌써 모든 태세를 갖춰놓았는데, 단지 이연의 허락을 못 받을까 두려워 그날 밤의 일을 꾸몄다고 했다.

함정에 빠진 이연은 어쩔 수 없이 말했다.

"내 아들이 정말로 그런 마음을 품고 생각을 정했다면 따르는 수밖에."[3]

이세민은 그렇게 여자를 동원해 아버지를 자기편으로 만들었다!

하지만 이 기록은 신뢰할 수 없다.

우리는 배적이 술자리를 진양궁 안에 마련했는지, 아니면 밖에 마련

---

3 『구당서』 「배적전」, 『신당서』 「고조기」와 「배적전」 그리고 『자치통감』 183권 참조.

했는지 따져봐야 한다. 만약 안에 마련했다면 이연은 당연히 시중드는 여자들이 궁녀인 것을 알았을 테고, 역시 당연히 그녀들을 피했을 것이다. 그리고 밖에 마련했다면 이연이 자기 잘못을 인정했을 리가 없다. 심지어 상관을 모함하려 했다는 죄를 물어 배적을 응징했을 것이다.

여기에서 우리는 다시 관에서 편찬한 정사를 쉽게 믿어서는 안 된다는 교훈을 얻는다. 이세민을 당나라의 진정한 창업자로 꾸며내기 위해 관변 사학자들은 거침없이 거짓 증거를 만들고 활용했다. 이것은 『삼국연의三國演義』가 제갈량을 띄우기 위해 주유를 희화화하고 유비, 손권, 노숙을 낮게 평가한 것과 다름없다.[4]

하지만 거짓은 거짓일 뿐이어서 아무리 수단이 뛰어나도 밝혀지게 마련이다.

사마광의 말에 따르면 얼마 후 이세민이 찾아가 다시 반란을 거론했을 때, 이연은 그냥 못 들은 척하고 고소장 한 통을 써서 그에게 관아에 가져다주라고 했다. 이세민은 말했다.

"아버님이 군이 저를 고발하려 하신다면 제가 감히 죽음을 두려워하겠습니까."

이연은 말했다.

"내가 어찌 그리 박정하겠느냐. 너는 멋대로 말하지 말거라."

이세민은 또 반복해서 설득에 나섰고 이연은 그제야 한숨을 쉬며 057 말했다.

---

4 이 부분에 대한 정사의 견해에 가장 먼저 의문을 제기한 사람은 왕젠汪籛 선생이었고 이는 『왕젠 수당사 논고汪籛隋唐史論考』에 나와 있다. 당나라사가 정관 시기의 사관들에 의해 조작되었다는 것은 이제 학계에서 거의 공인되었다. 위안강은 『수양제전』에서 '태원 기병起兵'의 주모자가 의심의 여지 없이 이연이라 했고, 자오커야오趙克堯·쉬다오쉰許道勛도 『당태종전』에서 태원 기병의 기획자로 제일 먼저 이연을 꼽았다.

"알았다. 앞으로 가문의 파멸도 네게 달렸고 가문이 나라가 되는 것도 네게 달렸다!"[5]

이 이야기에 따르면 태원 반란은 전적으로 이세민의 공이고 이연은 어쩔 수 없이 가담한 '공범'인 것처럼 보인다. 그런데 여기에서 한 가지 의문이 생기는데, 배적의 술자리에 간 후로 이연은 그 궁녀들을 자기 밑에 거두었을까? 그랬다면 반란의 결심을 이미 굳힌 것이므로 더 시치미를 뗄 필요가 없었다. 반대로 그러지 않았다면 관변 사학자들이 이연과 궁녀들의 스캔들을 만들어낸 것은 훗날의 고조와 태종을 모함한, 쓸데없는 짓이었다고 볼 수 있다.[6]

이렇게 사실과 무관한 조작을 일삼다니 도대체 학자의 양심이란 것이 있었는지 극히 의심스럽다.

한마디로 사적인 이익에 눈이 어두웠던 것이다.

여기서 말하는 '이익'은 당연히 물질적 이익이 아니라 통치계급의 정치적 이익이다. 이 이익의 요구를 역사학은 반드시 경계해야만 한다. 그렇지 않으면 뜻하지 않게 성형수술에 나서게 된다. 수양제를 요괴로, 당태종을 성인으로 만든 것처럼 말이다. 역사에 대한 존중, 사실에 대한 존중은 당시 관변 사학의 직업 도덕이 되지 못했다.

한마디 덧붙이자면 역사를 거울로 삼아야 한다는 것은 바로 당태종 본인의 주장이었다.

불쌍한 그의 아버지는 불가피하게 머저리가 되고 말았다.

---

5 『자치통감』 183권 참조.
6 위안강의 『수양제전』은 이 사건이, 이연 쪽에서 먼저 배적과 결탁하고 용감하게 양제의 행궁에 들어가 도전을 표명한 것이라고 말한다. 이 견해도 다소 지나친 것 같다.

그러나 검은색과 흰색이 서로 뒤바뀔 수는 없다. 여러 정황을 보면 이연은 절대 어리석지 않았고 머저리는 더더욱 아니었다. 그의 어리석음은 고의로 꾸며낸 것에 불과했으며 오히려 진작부터 야심을 품고 있었다. 그렇지 않았다면 그가 왜 이건성과 이세민을 시켜 군대를 둘로 나누고 각기 은밀히 영웅호걸을 모으게 했겠는가?[7]

군사 행동을 자제한 것도 단지 성공의 가능성을 높이기 위해서였다.

그래서 이때다 싶었을 때 이연은 날랜 토끼처럼 움직였다. 대업 13년(617) 5월 14일, 두 명의 부유수副留守가 그의 이상한 낌새를 눈치채고 수양제의 감시 명령에 따라 조치를 취하려다가 그에게 체포되어 살해당했다. 죄명은 당연히 날조된 것이었다. 당시 그는 추호도 망설이거나 봐주지 않았다.

이렇게 보면 당태종 당시의 사관과 사마광의 역사 조작은 잔재주를 부리려다 일을 망친 꼴이 돼버렸음을 알 수 있다. 오히려 이세민은 어리고 경험이 일천해 보이는 반면, 이연은 노련하고 용의주도해 보이기 때문이다. 사실 이연은 옛날의 손권처럼 누구보다 감정 조절에 능했다. 왕부지王夫之가 말했듯이 그는 위험한 곳에 처해 천지가 무너지는 것을 보면서도 끝까지 기회를 엿보다가 움직여 야망을 달성한 인물이었다.[8]

게다가 일단 움직이면 누구보다 매서웠다.

이때 그는 장안에 눈독을 들이고 있었다.

059　　장안은 원래 수나라의 수도였다. 단지 수양제가 남북을 소통시킬 목

7　온대아溫大雅, 『대당창업기거주大唐創業起居注』 1권 참조.
8　왕부지, 『독통감론讀通鑑論』 참조.

적으로 정치의 중심을 동쪽 낙양으로 옮겼을 뿐이었다. 그로 인해 낙양을 중심으로 하는 남북 대운하의 노선이 천하를 제패하려는 각 제후의 쟁탈지가 된 반면, 장안은 사람들에게 잊히고 말았다. 그래서 그 격동의 시기에 장안도 태원처럼 이상하게 조용한 사각지대가 되어 있었다.

하지만 장안은 어쨌든 관롱 집단의 근거지였다. 장안을 소유하여 장안을 새 왕조의 발상지로 삼는 것은 이연 같은 무천 군벌이나 북주와 수나라의 오랜 협력자들 그리고 관롱 귀족에게는 익숙하기도 하고 명분에도 맞았다. 더구나 당시 장안을 지키던 인물은 13세의 대왕代王 양유였으므로 이연은 마음만 먹으면 쉽게 그곳을 탈취할 수 있었다.

하지만 이연은 경거망동하지 않았다. 먼저 다른 염려가 생길 여지를 없애야 했다.

이를 위해 그는 세 가지 일을 벌였다.

우선 돌궐의 시필始畢 카간可汗과 협정을 맺어, 장안을 함락하면 땅과 백성은 자기가 갖고 여자와 보물은 돌궐이 갖기로 했다. 이것은 당연히 돌궐은 북쪽에, 장안은 남쪽에 있었기 때문이었다. 태원에서 남하하여 장안을 취했을 때 혹시라도 돌궐이 퇴로를 막고 습격하면 그 피해는 상상조차 할 수 없었다. 그래서 이연은 돌궐이 대군을 보내주겠다는 것도 거절하고 그들에게 말馬만 받았다. 괜히 늑대를 집에 들여 휘둘리고 싶지 않았던 것이다.[9]

9 온대아, 『대당창업기거주』 1권 참조. 이연이 돌궐과 손을 잡은 일이 정사에는 매우 모호하게 나와 있다. 그 진상이 명확해진 것은 천인커 선생의 고증 덕분이다. 천인커, 「당고조가 돌궐에 스스로 신하라고 칭한 일論唐高祖稱臣于突厥事」 참조.

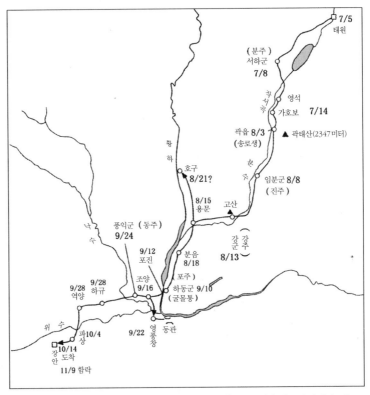

이연이 장안으로 진격한 노선과 일정. 게가사와 야스노리, 『빛나는 세계 제국: 수당시대』 참조.

돌궐 문제를 매듭짓고 이연은 또 이밀을 속여 넘겼다. 반수反隋 세력
들의 맹주임을 자처하던 이밀에게 편지를 보내, 진심으로 그를 천자로
추대한다고 하면서 자신은 제후에 봉해주기만 해도 된다고 밝혔다. 이
에 오만방자한 이밀은 이연에게 신경을 끊고 낙양 공략에만 열중했고
도리어 이연을 위해 동쪽의 적을 막아주는 방패 역할을 했다.[10]

가장 중요했던 한 수는 반군이 아니라 의군의 깃발을 든 것이었다.
이연은 자신이 남하하는 목적이 수나라의 부흥이며 양유를 황제로,
양광을 태상황으로 받들 것이라고 선포했다. 그래서 반역의 죄명을 피
하고 정치적으로 유리한 위치를 점할 수 있었다. 하지만 양제가 죽자마
자 그는 즉시 가면을 벗어던지고 아무 스스럼없이 황제가 되었다.

이렇게 걱정거리가 다 제거되고 이제 움직일 때가 되었다.

7월 5일, 이연은 3만 명의 군대를 앞에 두고 출정을 선언했다. 그리고
11월 9일, 장안을 함락시켰다. 이듬해 3월 11일에는 양광이 강도에서
피살되었다. 그리고서 이연은 5월 20일에 황제로 즉위했다. 한 왕조가
쓰러지고 또 다른 왕조가 일어섰다. 단지 그 새 왕조는 한차례 피의 세
례를 받아야만 했다.

---

10 『구당서』「이밀전」참조.

현무문의 변

무덕武德 9년(626) 6월 4일 장안.

아침 햇빛이 여느 때처럼 황궁으로 통하는 길 위에 비치고 길가에 우뚝 선 금위군들은 병마용처럼 무표정했다. 모든 것이 평소와 같았다. 말을 타고 나란히 가고 있던 이건성과 이원길도 태연해 보였다. 전날 밤 누군가 "이세민이 황상에게 두 분을 참소했습니다"라고 넌지시 알려주기는 했지만.[11]

하지만 그것은 처음 있는 일도 아니었다.

건국한 지 8년이 지나면서 황태자 이건성과 진왕秦王 이세민의 관계는 갈수록 악화되었다. 이유는 간단했다. 태원에서 봉기해 중국을 통일하기까지 이세민은 줄곧 최전선에서 싸웠다. 다시 말해 당나라의 천하중 적어도 절반은 그가 얻은 것이나 다름없었다. 그런데 종법제도에 따라 황태자는 이건성이 될 수밖에 없었다.

063

---

11 제2장에 서술된 현무문의 변과 관련된 사료에는 따로 주를 달지 않겠다. 모두 『자치통감』 191권 참조.

이에 대해 이세민만 불복한 것이 아니었다. 천하 사람이 다 불복했다. 이세민을 따라 생사를 함께한 형제들도 불복했고 이건성 자신조차 불안해서 안절부절못했다. 물론 그는 적장자嫡長子이기는 했다. 하지만 그것 말고는 가진 것이 아무것도 없었다. 장래에 순탄하게 황위를 계승하더라도 과연 이세민이 분수에 만족하고 신하로서 고개를 숙일지도 불확실했다.

다행히 이원길은 이건성을 지지해주었다.

넷째 황자인 제왕齊王 이원길이 왜 이건성의 편에 섰는지는 수수께끼로 남아 있다. 정사의 견해에 따르면 그는 먼저 이세민을 제거한 뒤, 이건성까지 밀어내고 그 자리를 대신할 계획이었다고 한다. 하지만 안타깝게도 이른바 정사조차 그것이 이세민의 막료가 전한 풍문이었음을 인정해야 했다. 그것이 사실이었는지 아니었는지는 죽은 자 외에는 알지 못한다.

물론 가장 중요한 사람은 역시 이연이었다.

이연은 태도가 애매했다. 이건성이 보기에는 부황은 적어도 이세민을 경계하기는 했다. 이세민의 공이 군주를 위협할 만큼 큰 것이 사실이었기 때문이다. 그나마 이세민이 황제의 친아들인 것이 다행이었다. 만약 한신이었다면 진즉에 토사구팽을 당했을 것이다.

그런데 이상하게도 이세민은 조심할 줄을 모르고 거꾸로 자기 과시에 열을 올렸다. 무덕 4년(621) 6월, 전투에서 승리하고 돌아온 그는 대대적으로 입성식을 열었다. 그 자신은 황금 투구와 갑옷을 착용한 채 말을 타고 맨 앞에 섰으며 이원길 등 25명의 장수는 그 뒤를 바짝 따랐다. 그들이 이끄는 1만 기의 철갑기병과 3만 명의 무사가 호호탕탕 장안으로 들어갔는데 그 대오의 길이가 무려 2킬로미터가 넘었다.[12]

그것은 실로 엄청난 규모였다!

그런 위세를 누구에게 보여주려 한 것일까?

이세민은 이연의 눈이 더 번쩍 뜨이리라는 것을 알았다. 그런데 이상하게도 이연은 갑자기 뜻밖의 방안을 생각해냈다. 그는 이세민에게 자신의 군대를 데리고 낙양에 주둔하여 천자의 깃발을 걸고서 지금의 산시陝西성을 포함한 동쪽 지역 전체를 다스리라고 제안했다.

고조의 견해는 동도(낙양)와 서도(장안), 두 도읍을 두어도 천하는 한 나라라는 것이었다.

하지만 그것은 어불성설이었다. 만약 그 방안을 실행한다면 당나라는 테오도시우스 1세 사후의 로마 제국처럼 동서 두 지역으로 분열될 것이 뻔했다. 그런데 두 로마가 그래도 병존할 수 있었던 것은 두 수도가 서로 멀리 떨어져 있었기 때문이었다. 하지만 낙양과 장안은 가까이 있어서 충돌을 피하기 어려웠다.

그러면 이연은 왜 그런 어리석은 방안을 생각해낸 것일까?

직접적인 원인은 이건성이 이세민을 연회에 초대해 술에 독을 풀었기 때문이라고 한다(독을 푼 사람이 구체적으로 누구인지는 미상이다). 이세민

---

12 이 일은 『구당서』 「태종본기」에 나온다. 『멍셴스의 당나라 역사 강의: 현무문의 변부터 정관의 치까지孟憲實講唐史: 從玄武門之變到貞觀之治』도 참고했다. 이 책은 현무문의 변을 훌륭하게 분석했고 이 책에서도 인용했지만 따로 주는 달지 않았다.

은 술을 마신 뒤 피를 몇 되나 토했고 같이 연회에 간 회안왕淮安王 이신통李神通의 부축을 받아 진왕부로 돌아갔다. 이연은 소식을 듣고 조사를 해본 뒤, 형제간의 골육상잔을 차마 더 볼 수 없어 이세민의 낙양 주둔 방안을 제시했다고 한다.

하지만 이 견해는 매우 의심스럽다.

우리는 이건성이 정말로 이세민을 독살하려 했다면 어째서 그가 결국 자신의 동궁에서 빠져나가게 내버려뒀는지, 또 어째서 다른 왕도 초대하여 증인으로 만들었는지 의문을 품어야 한다. 이연도 조사를 와서 이건성에게 독약을 왜 풀었는지에 대해서는 추궁하지 않고 단지 앞으로 동생이 과음하게 하지 말라고만 훈계를 했다. 따라서 그 사건은 이세민의 고육지계였을 가능성이 크다.[13]

이연은 당연히 어리석지 않았다. 그는 역으로 함정을 파서 이세민이 걸려들게 한 것이었다. "지금 네게 천하의 반을 갈라준다고 하면 너는 원하느냐? 만약 원한다면 그것은 네게 야심이 있다는 것이다"라고 말이다.

결국 이세민은 이연에게 속내를 들켰다.

그래서 이원길이 와서 이세민을 죽이자고 부추겼을 때, 이연은 의외의 답변을 했다.

"그는 천하에서 으뜸가는 공을 세웠는데 무슨 명목으로 죽이려느냐?"

---

13 『구당서』「회안왕신통전淮安王神通傳」참조. 당태종은 이신통을 숙부라 불렀다.

이연도 이세민을 죽일 마음이 있었던 것 같다.

이런 배경을 알면 6월 3일에 생긴 일을 이해하기 어렵지 않다.

그 일이 일어난 계기는 그날 태백금성太白金星이 하늘을 스쳐 지나간 것이었다. 관련 부서는 즉시 이연에게 은밀히 보고서를 올렸다.

"이 천체 현상은 진왕(이세민)이 천하를 갖게 된다는 의미입니다."

그래서 이연은 이세민을 궁으로 불러 그 보고서를 보여주었다.

이 이야기도 마찬가지로 의심스럽다. 관련 부서의 비밀 보고서를 왜 이세민에게 보여줬을까? 이세민이 천하를 갖는 것은 지금일 수도 있고 미래일 수도 있었다. 미래라면 그를 황태자로 세워야 했고 지금이라면 당장 결단을 내려야만 했는데 이연은 그 비밀 보고서를 과연 어떻게 이해했을까? 하지만 어느 쪽이 됐든 그것을 이세민에게 보여줄 필요는 없었다.

이처럼 이연의 행동은 불가사의했는데 이세민의 반응은 또 아주 엉뚱했다. "태자와 제왕이 후궁後宮(비빈들이 거처하는 궁전)을 음란하게 만들고 있습니다"라고 동문서답을 했다.

그것은 정말 중국식 논리였다. 태자와 제왕이 후궁을 음란하게 하는 것이, 태백금성이 하늘을 스쳐 지나간 것과 무슨 관계가 있단 말인가? 하지만 바로 그런 비논리성으로 인해 이연은 마음이 크게 어지러워졌다. 속으로 성이 났지만 어쩔 수 없이 천체 현상은 놔두고 우선 후궁 문제부터 처리해야 했다.

그는 "내일 회의를 열어 상호 대질을 하겠다"라고 선포했다.

이 소식은 즉시 이건성과 이원길에게 전해졌다. 하지만 그들은 두려워하지 않았다. 이세민이 증거를 제시할 수 없다고 믿었기 때문이다. 군주를 속인 자는 죽어 마땅했다.

이연조차 아마 그렇게 생각했을 것이다.

안타깝게도 그들은 이세민이 상호 대질 같은 것은 아예 할 생각이 없었다는 것을 알지 못했다.

이튿날 아침, 이건성과 이원길은 태연하게 황궁으로 가다가 현무문 밖에 이르러서야 뭔가 심상치 않다는 것을 깨달았다. 두 사람은 즉시 말머리를 돌려 동궁으로 도망치려 했지만 그럴 수 없었다. 이세민의 용맹스러운 장수들이 벌써 그들을 빈틈없이 에워싸고 있었다.[14]

태자와 제왕은 매복에 걸렸다.

다급한 상황에서 이원길은 먼저 선수를 치기로 마음먹었다. 그래서 활과 화살을 들고 적의 수뇌를 노리려 했지만 손이 떨려 활이 당겨지지 않았다. 거꾸로 이세민은 매우 침착했다. 돌아서서 도망치려 하는 이건성을 여유 있게 불러 세웠고 그에게 뭐라고 했는지는 모르지만 잠시 후 화살 한 대로 그의 목을 꿰뚫었다.

이어서 이세민의 심복 울지경덕尉遲敬德이 이원길까지 살해하고 그 두 사람의 목을 베었다. 얼마 후, 동궁과 제왕부에서 구원 부대가 달려왔다. 하지만 울지경덕이 두 사람의 목을 내보이자 대부분 전열이 흐트

---

14 현무문의 변은 현무문 안에서 일어났을까, 밖에서 일어났을까? 이 책에서는 밖에서 일어났다고 보는 편이다. 『멍셴스의 당나라 역사 강의: 현무문의 변부터 정관의 치까지』 참조.

러져 와아, 하고 흩어졌다.

이세민은 울지경덕을 보내 황제를 만나게 했다.

그때 황제는 유람선 위에 있었고 몇 명의 중신도 함께였다. 아마 그들은 회의에 가기 전에 미리 생각을 맞추고 있었을 것이다. 그런데 천만뜻밖에 울지경덕이 갑옷 차림으로 무기를 든 채 피투성이 얼굴로 나타났다.

이연은 당연히 깜짝 놀랐고 뭔가 사건이 터졌음을 직감했다.

"밖에서 누가 난을 일으켰느냐?"

울지경덕이 답했다.

"태자와 제왕이 난을 일으켰고 진왕秦王(이세민)이 진압하고 있습니다."

"너는 왜 왔느냐?"

"폐하를 지키러 왔습니다."

이연은 안도의 한숨을 내쉬었다.[15]

자기를 죽이러 온 것만 아니라면 당연히 뭐든 상의할 수 있었다.

이연은 즉시 재상 배적에게 물었다.

"일이 이렇게 됐는데 어떻게 하면 좋겠소?"

배적은 아무 말도 하지 않았다.[16]

다른 두 신하는 이구동성으로 말했다.

"진왕의 공이 지대하여 천하의 마음을 얻었으니 태자로 세워 나랏일

---

15 이 문답을 『구당서』 「울지경덕전」에서 보면 "高祖意乃安"(고조는 이에 마음이 편안해졌다)이라는 다섯 글자가 나오는데 『자치통감』은 이를 삭제했다. 이연에게 따로 꿍꿍이속이 있었다는 역사적 진상을 은폐한 것이다. 이렇게 세부 사항을 조작하는 것이 사마광의 일관된 수법이다.

16 배적은 사실 태자당으로서 줄곧 이건성의 편이었다. 이세민의 든든한 측근이었던 유문정劉文靜을 모함해 죽이기까지 했다. 이세민 즉위 후, 그래도 그를 계속 개국공신으로 우대했다. 하지만 정관 3년, 배적은 네 가지 죽을죄를 지었다는 판정을 받았으며 그나마 관대하게 처리되어 귀양을 갔다.

을 맡기신다면 폐하도 무거운 짐을 내려놓으실 수 있고 백성도 기뻐할 것입니다."[17]

이연은 말했다.

"나도 진작부터 그렇게 생각했네."

정말 그랬을까? 하늘만 알 일이다. 단지 확실한 것은 울지경덕이 무장을 하고 궁에 난입한 것은 중대한 범죄였다는 사실이다. 따라서 황제의 금위군도 진작부터 이세민의 편이었음을 알 수 있다. 또한 울지경덕은 당연히 황제를 지키기 위해서가 아니라 압박하기 위해 그곳에 간 것이었다.

때를 아는 자가 영웅인 법인데 이연은 일관되게 그런 인물이었다. 그는 즉시 울지경덕의 요구대로 조서를 써서 지휘권을 전부 이세민에게 넘겼다.

그때가 돼서야 이세민은 부름에 응해 입궁했다.

부자가 마주하니 감회가 새로웠다. 진왕은 황제의 품에 뛰어들어 아무 말도 못하고 흐느꼈다. 이연도 눈물을 비 오듯 흘리며 효성스러운 그 착한 아들을 쓰다듬었다. 두 사람은 그렇게 부둥켜안고 통곡하는 와중에 서로 마음이 통했다. 황제인 아버지는 최고 권력을 넘겨주기로 했고 후계자인 아들은 아버지의 편안한 만년을 보장했다.[18]

그때는 대략 오후 4시였다.[19]

이제 양씨의 수나라는 이씨의 당나라로 변했고 고조는 태종으로 바

17 이 부분은 『신당서』『구당서』의 「은태자건성전隱太子建成傳」과 『자치통감』 191권의 내용을 종합했다.

18 사흘 뒤 이세민은 황태자로 세워졌다. 그리고 두 달 뒤 황제가 되었다. 이연은 태상황으로 천수를 다 누리고 정관 9년 5월, 향년 71세로 사망했다.

19 이 시간의 고증에 관해서는 『멍셴스의 당나라 역사 강의: 현무문의 변부터 정관의 치까지』 참조.

꾸었다. 모든 것이 그렇게 극적이었고 또 순조로웠으며 동시에 의혹투
성이였다.

그러면 이 일의 교훈은 무엇일까?

천카간

이연은 장안에서 성공했고 수양제는 강도에서 패망했다.[20]

그렇다. 이연은 장안을 점거하고 수나라 황실을 받들어 천하를 호령하는 유리한 지위를 얻었다. 반대로 수양제는 관중 위주의 정책을 폐기하는 바람에 필연적으로 수문제 집단에게 버림을 받았다. 수양제가 죽을 때까지 몰랐던 문제의 답이 바로 여기에 있다.

하지만 양광은 어쨌든 낙양을 건설해야만 했고 남북을 잇는 대운하도 개통해야만 했다. 그의 유일한 잘못은 백성을 미천한 존재로 취급한 것이었다. 그래서 그는 백성의 공적이 되어 강도로 피신하지 않을 수 없었다. 다만 한 가지 이해하기 힘든 문제가 있는데, 그는 왜 수도 장안을 13세의 아이에게 맡기고 태원은 또 이연에게 준 걸까?

아마도 돌궐 때문이었을 것이다.

돌궐은 흉노와 선비의 뒤를 이어 중국사에 중대한 영향을 끼친 북방

---

20 이것은 천인커 선생의 관점이다. 수양제는 멀리 강좌江左(장강 하류의 동남부로 지금의 장쑤성 일대)에서 놀다가 나라를 잃었고 당고조는 재빨리 관중을 차지해 홀로 제업을 이뤘다고 했다. 천인커, 『당대정치사술논고』 참조.

유목민족이다. 애석하게도 이 오래된 민족에 관해 알려진 사실은 매우 적다. 그들이 기원한 지역이 정가 분지 이북이고 늑대가 부락의 토템이라는 것, 일찍이 유연柔然을 섬겨서 그들을 위해 알타이산에서 쇠를 주조하다가 돌궐이라는 이름까지 얻었다는 것, 그리고 그들이 처음 중국사의 시야에 들어온 시점이 서위 문제 때인 대통 8년(542)이라는 것 정도다.

그런데 북주 시기에 와서 돌궐은 강대한 칸국汗國을 수립하여 영토가 동쪽으로는 요하遼河 상류, 서쪽으로는 카스피해, 북쪽으로는 바이칼호에 이르렀다. 돌궐인의 국가를 칸국이라 부른 까닭은 국왕의 칭호가 카간이었기 때문이다. 이 칭호는 그들이 유연에게서 모방한 것으로서 흉노의 선우單于에 해당했다.

서위 말에서 수나라 초까지 돌궐은 사실상 유라시아 초원 최강의 국가로서 동서양의 교통과 무역을 통제했다. 서양에서는 비잔틴 제국과 비밀리에 손잡고 이란의 사산 왕조를 함께 멸하기로 약조를 맺었고, 동양에서는 당연히 장성을 넘나들었는데 대부분 좋은 뜻으로 그랬을 리도, 빈손으로 돌아가려 했을 리도 없었다.[21]

돌궐은 흉노 이후 중국 북쪽 변경의 우환이었다.

그나마 다행히도 여러 원인으로 인해 돌궐은 개황 3년(583), 정식으로 동돌궐과 서돌궐로 분열되어 수나라에게 이간질과 와해 공작의 기회를 주었다. 그 결과, 동돌궐의 계민啓民 카간은 스스로 신하라 칭했고

---

21 위의 내용은 『주서周書』 「돌궐전」과 「우문측전宇文測傳」, 『중국대백과전서(제1판)·민족권』, 린간林幹의 『돌궐과 회흘의 역사突厥與回紇史』 참조. 『주서』 「돌궐전」에 의하면 알타이산의 다른 이름은 금산金山이었고 금산의 모양이 투구와 비슷했는데, 그곳 사람들이 투구를 돌궐이라고 불러서 돌궐이 여기에서 이름을 얻었다고 한다.

서돌궐의 니궐처라泥撅處羅 카간은 투항하라는 권유를 받아들였다. 대대손손 서돌궐과 원수지간인 페르시아 제국도 사신을 보내 우호를 표시했으니 수양제의 외교는 크게 성공한 셈이었다.

하지만 정치투쟁에서는 영원한 적도, 영원한 친구도 없는 법이다. 동돌궐의 계민 카간이 죽고 그 자리를 이어받은 시필 카간은 수양제와 사이가 틀어졌다. 그는 심지어 대업 11년(615) 8월에 수십만의 기병으로, 세 번째 북쪽 순행에 나선 수양제를 안문雁門(지금의 산시山西성 다이代) 에서 포위하여 거의 그의 목숨을 빼앗을 뻔했다.

수양제는 그 후 재기하지 못했다.[22]

그 일 이후로 시필 카간은 앉아서 어부지리를 취하는 법을 배웠다. 수양제는 그와 서돌궐 사이에서 왔다 갔다 했고 그는 수나라가 혼란한 틈을 타 이익을 취했다. 누구든 자기에게 붙으면 천자로 봉해주었으며 반정부 무장세력들은 그 칭호를 기꺼이 받아들였다. 수양제가 돌궐에게 쓰던 수법을 거꾸로 돌려준 것이다.[23]

그래서 수양제가 이연을 태원에 배치한 것이었다. 돌궐은 꼭 막아야 할 존재였다.

그런데 돌궐은 물론 북방의 늑대였지만 이연은 집 지키는 개가 아니었다. 그는 누구보다 야심이 컸고 또 교활했다. 천하를 얻기 위해서라면 시필 카간에게 허리를 숙이고 신하가 되는 것도 서슴지 않았다. 그리고 그 일의 주모자는 바로 이세민이었다.[24]

22 위의 내용은 위안강, 『수양제전』 참조.
23 두우杜佑, 『통전通典』 197권 참조.
24 천인커, 「당고조가 돌궐에 스스로 신하라고 칭한 일」 참조.

그 일은 역사에 전과로 남아 훗날 당나라의 군신君臣에게 근심을 안겼다. 더구나 건국 이후, 시필 카간은 자신과 이연의 특수한 관계를 빌미로 당나라에 무리한 요구를 하고 오만한 태도를 보였다. 그의 계승자들도 마찬가지였다. 특히 힐리頡利 카간은 툭하면 쳐들어와 소란을 피웠다. 아직 입지가 약했던 이연은 어쩔 수 없이 꾹 참고 양보하며 공손한 태도를 취했다.[25]

돌궐 문제를 해결하지 못하면 장차 나라가 평안하지 못할 게 뻔했다.

사실 현무문의 변도 아마 돌궐과 관련이 있었을 것이다. 당시 돌궐의 철갑기병이 오성烏城(지금의 내몽골 우선치烏審旗나 산시陝西성 딩볜定邊)을 포위해서 이원길이 통병원수統兵元帥가 되어 구원하러 가게 되었다. 그런데 그때 이세민은 밀정에게서 첩보를 받았다고 한다. 태자가 이원길의 송별연에서 그를 모살하려 하고, 또 그의 심복 울지경덕 등을 이원길의 부대에 배치해 전장에서 몰래 처단하려 한다는 것이었다.[26]

이 때문에 이세민은 자신을 지키려고 부득이 반격을 해야만 했다는 것이다.

당연히 그 첩보도 백 퍼센트 신뢰가 가지는 않는다. 심지어 그런 첩보가 과연 있었는지도 의심스럽다. 하지만 현무문의 변 이후에 돌궐이 출병하여 쳐들어온 것은 사실이다. 더구나 울지경덕의 저항에도 불구하고 힐리 카간이 위수渭水 북쪽까지 이르러, 조정과 백성이 다 놀라고 장안에 계엄령이 내려졌다.

25 힐리 카간은 계민 카간의 셋째 아들이다. 계민 카간이 죽고 나서 그 뒤를 이은 사람은 큰아들 시필 카간이다. 시필 카간이 죽고 나서는 아들이 아직 어려 동생 처라 카간(서돌궐의 처라 카간이 아니다. 서돌궐의 그는 전체 이름이 니궐처라 카간이다)이 뒤를 이었다. 처라 카간이 죽고 나서도 그 아들이 역시 어려서 셋째 동생 힐리 카간이 뒤를 이었다.
26 『자치통감』 191권 참조.

당시는 진왕 이세민이 막 황위에 오른 때였다.

실제로 장안의 계엄령과 태종의 등극은 거의 동시에 이뤄졌다. 이는 상황이 너무 급박해 이연 부자가 천천히 의식을 거행할 여유가 부족했고, 또한 돌궐 격퇴의 희망이 용감하고 전투에 능한 이세민에게 전적으로 걸려 있었음을 설명해준다. 하지만 맹장 울지경덕의 방어선이 이미 무너졌고 장안성 내에는 병력도 그리 많지 않았는데 당태종은 도대체 무엇에 의지해 적을 물리치고 승리를 거뒀을까?[27]

용기와 지혜였다.

8월 28일, 힐리 카간은 장안에 사신을 보내 내부 사정을 탐지하고 위세를 떨치고 오게 했다. 그 사신은 카간이 지휘하는 백만 대군이 벌써 준비를 다 갖췄다고 의기양양하게 말했다. 이에 당태종은 서슴지 않고 그를 꾸짖었다.

"나는 일찍이 너희 카간과 만나 맹약을 맺었는데 왜 신의를 저버리는 것이냐? 너희는 비록 오랑캐지만 그래도 사람의 마음을 갖고 있지 않느냐? 만약 강하다고 또 우쭐댄다면 당장 너를 죽여버리겠다!"

말을 마치고서 당태종은 그자를 문하성門下省에 가둔 뒤, 다섯 명의 대신과 함께 현무문을 나섰다. 그들 여섯 명은 곧 위수 강변에 도착해 강을 사이에 두고 힐리 카간과 마주보았다. 이때 돌궐의 추장들은 당나라의 천자가 늠름한 자세로 말을 탄 채 마치 정원을 산책하듯 여유롭게 다가오는 것을 보고 하나같이 충격을 받았다. 그들은 즉시 말에

27　돌궐의 이 침입에 관해 『신당서』 『구당서』에서는 모두 그들이 7월에 군사를 일으켰고 정확한 날짜는 확실치 않다고 말한다. 그런데 『자치통감』에서는 돌궐군이 무공武功에 들어간 날과 장안에 계엄령이 내려진 날 그리고 태종이 등극한 날이 모두 똑같이 8월 9일이었다고 한다.

당나라의 철갑보병과 철갑기병

서 내려 그 29세의 젊은 황제를 향해 돌궐의 대례를 올림으로써 자신들의 카간을 머쓱하게 만들었다.

얼마 후, 당나라의 군대도 위수에 이르렀다. 그들의 깃발이 가을바람 속에 드높이 펄럭였고 그들의 투구와 갑옷이 햇빛 아래 번쩍였으며 그들 자신도 정연한 대열과 걸음으로 제국의 위엄을 과시했다.

돌궐의 추장들은 또다시 충격을 받았다.

그러나 태종은 가볍게 손을 흔들어 군대를 뒤로 물린 뒤, 직접 말을 타고 앞으로 나아가 힐리 카간과 일대일 담판을 벌였다. 정사에는 그 담판의 내용이 나와 있지 않다. 그런데 2년 전, 힐리 카간이 침입해왔을 때, 진왕 이세민은 그에게 일대일로 결투하자고 제안한 적이 있었다. 그렇다면 이번에 황제 이세민은 분명 근엄한 어조로 상대가 신의를 어겼다고 꾸짖지 않았을까?

이틀 뒤, 쌍방은 평화조약을 맺었다.

장안이 포위에서 풀려 당나라는 구원을 받았다. 각 민족의 백성도 전쟁의 재난을 면했다. 그것은 당태종이 생명의 위험과 맞바꾼 결과였다. 사실 당시에 대신들이 말을 가로막고 만류했지만 그는 의지를 굽히지 않았다고 한다.

"이것은 내가 깊이 생각해서 내린 결정이다. 돌궐이 대담하게 쳐들어온 것은 우리가 내란을 겪고 짐이 막 즉위해 저항할 힘이 없을 거라고 얕보았기 때문이다. 그러므로 흔들리지 않고 침착하기만 하면 오랑캐는 틀림없이 싸우지 않고 물러갈 것이다."

그러면 돌궐이 퇴각할 때 그들을 추적해야 했을까?

당태종은 추적하지 말자고 했다.

"나는 벌써 돌궐의 퇴로에 군대를 매복시켜놓았으므로 그들을 멸하는 것은 식은 죽 먹기다. 하지만 일단 전투가 벌어지면 쌍방에 모두 사상자가 생길 것이다. 문제도 해결 못하고 원한만 맺힐 터인데 굳이 그럴 필요가 있는가? 지금은 나라가 아직 안정되지 못했고 백성도 아직 부유하지 못하니 조용히 지나가는 것이 낫다. 돌궐의 칸국은 오합지졸에 불과하다. 그들이 사분오열되었을 때 일망타진해도 늦지 않다."[28]

알고 보니 당태종은 정치전에 심리전까지 벌인 것이었다.

전쟁은 정치의 연속이다. 정치를 알아야 반드시 이기고 안이 어지러우면 반드시 패한다. 실제로 사태는 태종이 예상했던 대로 흘러갔다. 돌궐의 칸국은 무력의 위협과 재물의 약탈에 의지해 세워진 느슨한 연합체였으므로 금세 흐트러져버렸고 당나라는 충분히 준비가 된 상태에서 반격을 노렸다.

정관貞觀 3년(629) 11월, 전쟁이 전면 개시되었다. 그리고 반년도 되지 않아 당나라 군대는 대승을 거두었다. 서쪽의 음산陰山에서 북쪽의 대사막에 이르는 광활한 지역이 전부 당 제국의 판도에 들어왔고 동돌궐은 힐리 카간이 포로가 됨으로써 멸망했다.

---

28 이 부분은 『구당서』 「돌궐전」, 『신당서』 「돌궐전」과 『자치통감』 191권의 내용을 종합했다.

이 소식을 듣고 태상황 이연은 몹시 기뻐했다.

"옛날, 한고조는 흉노에게 포위됐었는데 지금 내 아들은 돌궐을 멸했구나. 내가 후계자를 잘 골랐다!"

그래서 그는 왕공과 귀족을 불러 능연각凌煙閣에서 잔치를 베풀었다. 술이 세 순배 돌자, 태상황은 직접 비파를 탔고 당태종은 경쾌하게 춤을 추었으며 웃고 떠드는 소리가 새벽까지 이어졌다.

태종을 더 만족시킨 것은 원래 돌궐의 통치를 받던 북방 각 민족의 추장들에 의해 '천天카간'으로 추대됨으로써 민족들 공통의 황제가 된 것이었다. 그것은 전례 없는 일이었으므로 그는 만면에 미소를 띠고 겸허하게 말했다.

"나는 대당의 천자인데 카간의 일까지 또 할 수 있을까?"

이에 대한 응답은 "만세! 만세! 만만세!"였다.[29]

29   위의 내용은 『자치통감』 193권 참조.

정관의 노선

돌궐을 멸함과 동시에 당나라는 정관의 치貞觀之治를 맞이했다.[30]

정관의 치의 대표자는 위징이었다.

위징은 원래 이건성 쪽 인물이었고 관직이 종5품 태자세마太子洗馬였다. 비록 지위는 높지 않았지만 '태자당'의 핵심 인물로서 일찍이 이세민을 빨리 해치우라고 이건성에게 적극 권유했다. 그래서 현무문의 변이 일어난 뒤, 이세민이 그를 보자마자 꺼낸 첫마디는 이랬다.

"너는 왜 우리 형제를 이간질하려 했느냐?"

그것은 대단히 신랄하고 기세등등한 문책이었다.

위징은 대답하기가 마땅치 않았다. 잡아떼기는 어려웠다. 그의 입장과 한 일을 모르는 사람이 없었기 때문이다. 변명하기도 어려웠다. 변명하면 할수록 통하지 않을 게 뻔했다. 하지만 그렇다고 순순히 인정할 수도 없었다. 그것은 스스로 자기 무덤을 파는 꼴이었다. 더구나 이세

---

30 『신당서』「위징전」과 『자치통감』193권에서 모두 정관 4년에 정관의 치가 실현되었다고 적고 있다. 『자치통감』에서는 또 힐리 카간이 포로가 되고 당태종이 '천카간'으로 추대된 뒤의 일이라고 명시했다.

민이 말한 것은 근본적으로 거짓 질문이었다. 그들 형제는 원래 목숨을 걸고 싸우는 사이였는데 또 누가 이간질을 할 수 있었겠는가?

그러면 이세민은 왜 그런 질문을 한 것일까?

자신의 죄를 회피하고 그 엄청난 유혈 사태를 슬그머니 덮기 위해서였다. 그 질문의 내적 논리에 따르면 현무문의 변은 그의 정당방위였고 이건성과 이원길이 그를 제거하려 한 것은 소인배의 꼬드김에 넘어간 결과였다.

그런데 그 질문을 왜 하필 위징에게 한 것일까?

위징이 입장을 밝히게 할 필요가 있었기 때문이다. 위징은 태자당에서 가장 영민하고 영향력 있는 인물이었다. 그의 대답은 태자당 잔여 세력의 정치적 태도를 대표할 뿐만 아니라 당나라의 정국과 운명을 좌우할 만했다. 만약 그가 현무문의 변의 정당성에 의문을 표시한다면 얼마나 많은 사람이 목숨을 잃을지 몰랐다.

위징의 태도는 어땠을까?

태연하고 자연스럽게 입을 열었다.

"선先태자께서 일찍이 제 말을 들으셨다면 어찌 오늘이 있었겠습니까?"**31**

모두 질겁해서 식은땀을 흘렸다.

하지만 이세민은 마음이 홀가분해졌다. 그는 즉시 태도를 바꿔, 위징에게 자기 곁에서 일해달라고 부탁했다. 자기가 바라던 답을 얻었기 때

『구당서』 「위징전」, 『신당서』 「위징전」과 『자치통감』 191권 참조.

문이었다. 그 답은 바로 태자와 진왕의 다툼은 옳고 그름이 없고 도덕과도 무관했으며 오로지 누가 먼저 손을 쓰느냐의 문제였을 뿐이라는 것이었다. 그래서 그 사건은 성공하면 왕이요, 실패하면 역적이라는 논리에 따라 다들 해석하게 되었다. 그리고 위징의 개인적인 태도와 입장도 매우 명확했다. "선비는 자기를 알아주는 사람을 위해 죽는다士爲知己者死"는 것이었다.

위징은 차기 어려웠던 공을 수월하게 차서 돌려보냈다.

의심의 여지 없이 위징의 그 대답은 매우 위태로웠다. 만약 이세민이 말 뒤의 숨은 뜻을 읽어내지 못했다면 위징은 꼼짝없이 죽었을 것이다. 하지만 죽은 태자가 비록 자기를 알아준 사람은 아니었어도 어쨌든 잘 대접해준 은혜가 있으므로 그를 위해 죽는 것이 옳은 듯했다.

위징은 운명을 하늘에 맡겼다.

이세민은 공을 받자마자 즉시 반응하고 판단을 내렸다. 위징을 죽여 이건성을 위해 죽게 하느니, 차라리 중책을 맡겨 자기를 위해 죽게 하는 것이 낫다고 생각했다. 그는 심지어 위징의 건의를 받아들여, 태자당의 잔여 세력이 이건성과 이원길의 장례에 참석하는 것까지 허용했다. 이렇게 너그러운 태도로 적을 친구로 바꿈으로써 신속하게 정국을 안정시키고 세력을 확대하여 마침내 정관의 치를 이루었다.

이것이 바로 이세민의 정치적 지혜였다.

위징도 자신을 알아봐준 이 사람을 위해 온 힘을 다하기로 결심했다. 그가 보기에는 나라의 이익이 개인의 은원보다 위에 있었고 당나라가 어떤 길을 가야 하는지도 이씨 형제 중 누가 옳고 누가 그른가보다 훨씬 더 중요했다. 그래서 이세민이 올리브 가지를 내밀었을 때 답례로 그 새 황제의 정치 노선 확립을 도왔다.

그러면 정관의 노선은 핵심이 무엇이었을까?

왕도王道였다.

이것은 그저 케케묵은 유가 윤리 같아 보이지만 당시에는 범상치 않은 의미가 있었다. 서위, 북주부터 수, 당에 이르기까지 관롱 집단은 계속 패도霸道를 바탕으로 나라를 세웠기 때문이다. 지금 왕도로 갈아탄다는 것은 일정 정도 관중 위주의 정책에서 멀어지는 것을 뜻했다. 아직 토대가 불안했던 당태종이 과연 그럴 수 있었을까?

그는 토론을 하기로 결정했다.

무덕 9년(626) 10월, 그러니까 이세민이 등극한 지 두 달 뒤, 대신들 사이에서 정치 노선에 관한 토론이 벌어졌다. 먼저 당태종이 "바야흐로 지금은 대란이 지나간 직후여서 천하를 다스리기가 어렵지 않겠는가?"라고 물었다.

하지만 위징의 생각은 달랐다.

"난세의 백성은 천하가 잘 다스려지기를 바라기 때문에 오히려 사치와 안일로 오래 편안히 지낸 백성보다 더 다스리기 쉽습니다. 이것은 배고프고 목마른 사람에게 먹을 것과 마실 것만 주면 문제가 해결되는 것과 마찬가지입니다."

그의 주장은 명확했다. 왕도를 행하고 어진 정치를 베풀어야 한다는 것이었다.

그런데 봉덕이封德彝라는 인물이 펄쩍 뛰며 반대했다.

"왕도의 시대는 이미 지나가서 실현하고 싶어도 실현할 수 없습니다. 진시황이 가혹한 형벌과 법률을 펼치고 한무제가 패도를 섞어 쓴 것은 그들이 무위의 정치를 원치 않았기 때문이 아닙니다. 사람들의 마음이 옛날 같지 않고 세상의 풍속이 날로 나빠져 수습할 수 없었기 때문입니다. 위징은 책상물림에 불과하니 탁상공론으로 국정을 그르치게 해서는 안 됩니다!"

위징은 바로 반박을 가했다.

"요와 순은 제도帝道를 행하여 대동大同의 이상을 이뤘고 탕왕과 무왕은 왕도를 행하여 소강小康의 안정을 이뤘습니다. 어떤 정치 노선을 실행해야 어떤 사회형태가 나타나는지 알 수 있습니다. 사람의 마음은 예나 지금이나 변한 게 없습니다. 만약 봉덕이가 말한 대로 날로 나빠졌다면 세상은 진작 귀신의 땅으로 변했을 텐데 어떻게 다스릴지 논의하는 게 무슨 필요가 있겠습니까?"

봉덕이는 꿀 먹은 벙어리가 되었다.

하지만 조정 대신들은 대부분 봉덕이의 편을 들었다.

085 그러면 위징과 봉덕이 중 누가 옳았을까?

진리를 검증하는 유일한 기준은 실천이다. 당태종은 위징의 건의를 받아들여 왕도를 시행했다. 정적들과 화해하고 백성의 부담을 줄여 생활을 안정시켜줌으로써 4년 만에 천하의 안정을 이루었다. 4년 뒤 당나라의 영토 안에서는 누구나 편안하게 생업에 종사했고 집집마다 의식이 풍족했으며 사형을 받는 사람이 1년에 겨우 29명이었다고 한다. 그리고 태종 본인은 북방 민족 사람들의 천카간이 되었다.

안타깝게도 봉덕이는 그것을 볼 수 없게 되었다고 당태종은 탄식하며 말했다.[32]

위징은 성공했다. 그러나 봉덕이가 완전히 틀렸다고 말할 수는 없다. 사실 관중 위주의 정책을 저버리는 것은 다소 위험했다. 수양제가 바로 그 예였다. 그러나 봉덕이는 하나만 알고 둘은 몰랐다. 수나라에 개황의 치開皇之治가 있었던 것은 수문제가 어진 정치를 베풀었기 때문이었다. 수양제는 단지 관롱 집단과 멀어진 것뿐만 아니라 잔악무도한 정치를 펼친 것이 더 큰 문제였다. 그는 관롱 집단과 백성, 양자에게 동시에 버려졌다.

그러나 수양제의 정책 변화와 남북 대운하 개통은 옳은 일이었다. 단지 낙양 건설을 조금 천천히 소박하게 했다면 더 좋았을 것이다. 확실히 낙양의 지리적 위치는 장안보다 나았다. 진정한 '천하의 중심'으로서 물자 보급, 군대 파견, 명령 시행 등 모든 면에서 장안보다 빨랐다. 낙양으로 도읍을 정하는 것이 중앙집권적 대제국을 건설하는 데 더

---

32 위의 내용은 『정관정요』 1권의 「정체政體」와 『신당서』 「위징전」, 『자치통감』 193권 참조. 그런데 『정관정요』에서 그 토론이 정관 7년에 있었다고 기록한 것은 잘못되었다. 봉덕이는 정관 원년 6월에 세상을 떠났기 때문이다. 왕선공王先恭의 『위문정공연보魏文貞公年譜』에서 당태종의 즉위 직후라고 기록한 것이 역사에 부합된다. 조사에 따르면 위징은 무덕 9년 7월부터 9월까지 관동關東에 출장을 갔었기 때문에 그 토론은 그가 장안에 돌아온 뒤인 10월에 있었던 게 분명하다. 자오커야오·쉬다오쉰의 『당태종전』 참조.

유리했다.

그래서 정관 4년(630) 6월, 그러니까 당태종이 천카간으로 추대된 지 3개월 뒤, 낙양을 건설하라는 황제의 명령이 떨어졌다. 제국을 관리하고 비용을 절감하는 데 유리하다는 것이 그 이유였다. 그런데 유감스럽게도 당태종은 반대에 부딪혔다.

반대한 사람은 장현소張玄素였다.

장현소는 당태종에게 긴 편지를 썼고 반대의 이유는 주로 백성의 혹사와 재정의 낭비였다. 그는 심지어 당태종에게 상세한 명세서까지 제시했다. 예를 들어 옛날에 수양제가 낙양을 건설했을 때 기둥 하나를 운반하는 데만 수십만의 인력이 소요되었다고 했다. 또한 지금 당나라의 국력은 수나라 때보다 못하며 수나라 멸망의 교훈이 바로 가까이 있는데도 똑같은 전철을 밟는다면 양제만도 못한 셈이라고 했다.

이에 태종은 물었다.

"내가 수양제만도 못하다면 하나라의 걸왕이나 상나라의 주왕에 비견된단 말인가?"

당시 그가 잔뜩 화가 났음을 알 수 있다. 하지만 장현소는 굽히지 않았다.

"낙양을 건설하신다면 별로 차이가 없을 겁니다."

하지만 장현소는 이어서 또 말했다.

087 "당년에 폐하가 낙양을 점령했을 때 태상황께서는 궁전을 파괴하라

고 명하셨습니다. 하지만 폐하는 떼어낸 기와와 목재를 가난한 자들에게 주자고 제안하셨지요. 이 일을 백성은 아직까지 칭송하고 있는데 폐하는 설마 잊으셨습니까?"

당태종은 마지못해 말했다.

"내 생각이 짧았네."[33]

낙양 건설은 그렇게 흐지부지되었지만 당시 당태종의 결정은 결코 즉흥적인 것이 아니었다. 그리고 그는 심지어 수양제가 간 길을 되밟으려고까지 했는데 사실 그 두 사람은 상당히 흡사했다. 모두 황자들 중 둘째로서 기존 황태자를 누르고 제위에 올랐고 관롱 집단 이외의 세력에 의지해야 했다. 오랫동안 원정을 다니면서 이세민도 '산동山東 호걸들'과의 관계가 무척 긴밀해졌다.

이에 모든 것이 수나라 때와 똑같이 변했다. 태자당은 관중을 위주로 하여 장안을 고수했고 '2인자파'는 관동關東(함곡관函谷關 동쪽으로 오늘날의 허난성과 산둥성)을 기지로 삼아 낙양을 주목했다. 그래도 다른 것이 있었다면, 장현소의 기개 넘치는 주장 때문에 장안과 낙양의 경쟁은 왕도와 패도의 구별로 변했고 당태종은 어쩔 수 없이 중간노선을 택해 관중에 근거를 두고 어진 정치를 펼쳤다.[34]

이에 대해 위징은 찬성한 듯하지만 근거지가 관중이어야 하는지, 관동이어야 하는지에 대해서는 별로 신경 쓰지 않았다. 그가 더 신경을 쓴 것은 역시 새로운 정치의 수립이었다. 그가 보기에는 그것이야말로

33 『구당서』 「장현소전」, 『신당서』 「장현소전」과 『자치통감』 193권 참조.
34 계가사와 야스노리, 『빛나는 세계 제국: 수당시대』 참조.

평생을 바쳐 추구해야 할 것이었다.[35]

그러면 새로운 정치는 또 어떤 것이어야 했을까?

---

35 『구당서』「장현소전」에 따르면, 위징은 "장공의 논의는 강력해서 어진 이의 말이라 할 수 있고 이로움이 많다張公論事, 遂有回天之力, 可謂仁人之言, 其利博哉!"고 평가했다.

새로운 정치

정관 8년(634), 당나라에 괴이한 일이 생겼다. 황보덕참皇甫德參이라는 중모현中牟縣 현승縣丞이 조정에 상소를 올려 황제의 세 가지 잘못을 열거했다. 궁전을 지어 백성을 힘들게 하고 재정에 피해를 끼친 것, 지세地稅를 거둬 백성과 이득을 다툰 것, 궁녀들이 머리채를 높이 올려 사회 기풍을 망친 것이 바로 그 세 가지였다. 현승은 종8품의 미관말직일 뿐이었고 황보덕참의 말도 지나친 점이 없지 않아서 태종은 버럭 화를 냈다.

"이놈이 무슨 소리를 하는 것이냐? 설마 짐이 아무것도 쓰지 말고, 한 푼도 받지 말고, 궁녀들도 다 머리를 밀어야 제 마음에 든다는 것이냐?"

그래서 황보덕참은 풍자와 비난을 한 죄로 꼼짝없이 벌을 받게 되었다.

이때 위징이 또 나서서 입을 열었다.

"자고로 상소는 과장되어 사실과 맞지 않습니다. 그래야만 군주의 눈길을 끌 수 있기 때문입니다."

당태종은 즉시 그 말을 이해했다.

"짐이 그자의 죄를 다스리면 앞으로 또 누가 감히 입을 열겠는가?"

그래서 황보덕참에게 비단 20필을 하사했다.

하지만 위징은 말했다.

"요즘 폐하가 통이 작아지신 것 같습니다."

당태종은 또 이해하고서 이번에는 아예 황보덕참을 감찰어사監察御史로 발탁했다. 감찰어사는 직위가 정7품인데다 전문 감찰직으로서 상관의 허가 없이 직접 탄핵이 가능한 독립 감찰권을 누렸다. 황보덕참을 감찰어사로 임명한 것은 황제가 진심으로 의견을 듣고 싶어한다는 것을 뜻했다.[36]

창문이 활짝 열리고 신선한 공기가 조정으로 들어왔다.

그것은 사실 쉬운 일이 아니었다. 어쨌든 황권의 사용에는 법적인 제약이 없었으며 여론의 장려도 제도적 보장이 없었다. 이런 전제 아래 "알고 있는 것을 다 말하고 말할 것을 다 이야기하는知無不言, 言無不盡" 환경과 기풍을 조성하려면 군주는 기개와 아량이 필요했고 신하는 용기뿐만 아니라 기교와 지혜도 필요했다.

이를 위징은 명확히 인식하고 있었다.

정관 초에 누가 당태종에게 "위징은 작은 일에 구애를 안 받는 성격이라 평판이 좋지 않습니다"라고 고자질을 했다. 하지만 위징은 이렇게

---

36 『자치통감』 194권 참조.

말했다.

"임금과 신하는 한마음 한뜻이 되어 공적인 원칙을 지키고 사적인 관계를 끊어야 합니다. 만약 모두가 작은 일에 구애를 받는다면 나라가 흥할지 망할지 장담하기 어렵습니다."

당태종은 즉시 "알겠네"라고 답했다.

위징이 또 기회를 잡아 말했다.

"원컨대 폐하가 소신을 도와주신다면 좋은 신하가 되지, 충성스러운 신하가 되지는 않겠습니다."

태종은 의아해하며 물었다.

"좋은 신하와 충성스러운 신하가 무슨 차이가 있는가?"

"당연히 차이가 있습니다. 충성스러운 신하는 의견을 제시하기만 하고 상대방이 받아들일지 말지는 고려하지 않습니다. 그 결과, 자기는 목숨을 잃고 군주는 악명을 뒤집어쓰기 때문에 충성스러운 신하는 되고 싶지 않습니다. 역시 옳은 방법은 군주는 명군明君이 되게 하고 자신은 좋은 신하가 되는 겁니다."

"아주 좋네!"

이어서 태종이 또 물었다.

"어떻게 해야 명군이 될 수 있는가?"

"한쪽 의견만 듣지 말고 여러 방면의 의견을 들어야 합니다."[37]

태종은 고개를 끄덕여 옳다고 했고 위징과 함께 노력을 기울였다. 위징의 원칙은 모든 비판과 건의를 다 공적인 견지에서 실행하는 것이었다. 또한 지혜롭게도, 정관 시기의 상대적으로 느슨했던 여론 환경과 정치적 국면을 비롯한 모든 성과를 다 황제의 공으로 돌렸다. 그는 언젠가 사람들 앞에서 태종의 칭찬을 받고 이렇게 답했다.

"소신들이 하고 싶은 말을 다 하는 것은 전적으로 폐하의 허락 덕분입니다. 아니면 이 위징이 어떻게 누차 용린龍鱗(군주의 위엄)을 범하겠습니까?"[38]

그것은 아부가 아니라 사실이었다.

그래도 황권의 시대에는 제왕이 절대적 변수여서 위징도 하마터면 목이 날아갈 뻔한 적이 있었다. 어느 날, 당태종이 조정에서 일을 마치고 궁으로 돌아와 씩씩대며 장손長孫 황후에게 말했다.

"위징 그놈은 늘 면전에서 짐을 무안하게 하니, 짐은 언젠가 꼭 그 촌뜨기 녀석을 죽여버리겠소."

황후는 아무 말도 하지 않고 예복으로 갈아입고서 태종에게 절을 올렸다. 이에 태종이 놀라 물었다.

"왜 이러시오, 황후?"

장손 황후는 말했다.

"신첩이 듣기로, 주인이 지혜로우면 신하가 곧다고 들었습니다. 지금 위징이 그렇게 강직한 것은 폐하가 명군이기 때문이니 신첩이 어찌 감히 축하드리지 않겠습니까?"

---

37 『구당서』「위징전」, 『신당서』「위징전」과 『자치통감』 192권 참조. 그런데 『신당서』「위징전」에서만 충성스러운 신하와 좋은 신하의 분별에 관한 내용과 여러 방면의 의견을 들어야 한다는 내용이 같은 시기에 기록되어 있다. 『자치통감』은 여러 방면의 의견을 들어야 한다는 내용을 정관 2년에 명기했다.
38 『신당서』『구당서』의「위징전」참조.

이 일도 당연히 꼭 사실이었다는 보장은 없다. 그러나 장손 황후가 한때 그 두 사람 사이에서 중재자 역할을 했던 것은 사실이다. 태종이 불만을 품어 위징이 위험했던 것도 사실이다. 그렇다면 위징이 그토록 자신의 생사를 도외시한 것은, 당태종이 자기에게 잘해준 은혜를 갚으려는 것 외에 또 다른 이유가 있었을까?[39]

자신의 정치적 포부를 실현하기 위해서였다.

그러면 그의 정치적 포부는 또 무엇이었을까?

바로 이상적인 군주정치를 수립하는 것이었으며 그 내용은 아래와 같다.

우선 백성이 군주가 존재하는 전제이자 이유라는 것에 대한 인정이었다. 당태종의 말에 따르면 바로 "군주는 나라에 의지하고 나라는 백성에 의지한다君依於國, 國依於民"는 것이었다. 그래서 "한 사람이 천하를 다스릴以一人治天下"수는 있지만 "천하가 한 사람을 받들以天下奉一人"수는 없었다.[40]

그다음으로는 군주가 도덕적이어야 하며 특히 백성의 생명권과 생존권을 존중해야 한다고 강조했다. 마찬가지로 당태종의 말에 따르면 바로 "군주 된 자의 도는 먼저 백성을 보존해야 한다爲君之道, 必須先存百姓"는 것이었다. 백성의 이익을 해쳐 개인의 욕망을 만족시키는 정책은 자살행위라고 보았다.[41]

세 번째로 군주와 신하가 하나 되어 함께 천하를 다스리자고 주장했

---

39 장손 황후가 위징의 목숨을 구해준 이야기는 당나라인이 쓴 『독이지』와 『대당신어大唐新語』 참조. 이 두 책은 정사가 아니라 소설이다. 하지만 장손 황후가 위징을 인정하고 칭찬했다는 내용이 『구당서』 「장손 황후전」에 실려 있다. 따로 『구당서』 「위징전」에 따르면 위징이 죽은 뒤, 당태종이 형산衡山 공주와 위징의 아들 사이의 약혼을 취소했다고 한다. 『신당서』 「위징전」에는 위징이 세운 어비御碑를 태종이 부쉈다는 기록이 있다.

40 『자치통감』 192권 참조.

다. 당태종은, 매일 오만 가지 일을 혼자 처리할 수 있는 사람은 없다고 말했다. 설령 그럴 수 있다고 해도 잘못을 범하지 않는다고 보장할 수는 없다. 만약 한 사람이 모든 결정을 한다고 하면 하루에 한 가지 잘못만 해도 열흘이면 열 가지다. 그렇게 나날이 잘못이 쌓인다면 어떻게 나라가 망하지 않겠는가?[42]

그래서 군주와 신하가 한마음으로 노력해야만 천하가 잘 다스려질 수 있다.

백성이 나라의 근본이고 군주가 도덕적이며 군주와 신하가 함께 천하를 다스리는 것, 이것이 바로 위징과 태종이 함께 추구한 '이상적인 군주정치'였다.

실제로 그것은 당시의 가장 훌륭한 선택이자, 심지어 유일한 선택이었다. 중국 민족처럼 오래되고 일찍 성숙한 농업민족 안에서, 그리고 그토록 광활한 농경지에서 자발적으로 민주주의 정치가 생겨나는 것은 불가능했다. 역시 자발적으로 산업자본주의가 생겨나는 것도 불가능했다. 중국 민족은 군주제를 택하여 '3급 분권'(천자, 제후, 대부가 각기 천하, 國國, 家를 다스리는 시스템)의 방국제(봉건제)에서 '중앙집권'의 제국제로 나아갈 수밖에 없었다.

이런 전제 아래에서는 개명군주의 전제정이 이상적이었다.

하지만 그것은 절대로 어떤 개명군주에게 희망을 걸지는 않았다. 군

주의 개인적 매력과 도덕적 소질은 믿음직스럽지 못했다. 중국의 전통

---

41 『정관정요』 1권 「군도君道」 참조.
42 『정관정요』 1권 「정체」 참조.

연대	부府와 주州	현縣	향鄕	호戶	인구	출처
무덕 연간				200만 남짓		『통전通典』 7권, 『역대성쇠호구』
정관 연간				300만 미만		상동
정관 13년 대부大簿	368	1561				『초학기初學記』 8권, 『총서주군總敍州郡』
영휘 원년		'		380만		『자치통감』 199권, 『통전』 84권
신룡 원년 기장				615만6141	3714만	『자치통감』 208권, 『당회요唐會要』 84권
개원 14년 기장				706만9565	4141만9712	『자치통감』 213권, 『당회요』 84권
개원 20년 호부계				786만1236	4543만1265	『구당서』 8권, 『자치통감』 213권
개원 22년 기장	315			801만8710	4628만5161	『당육전唐六典』 3권
개원 28년 기장	328	1573		841만2871	4814만3609	『자치통감』 214권, 『신당서』 37권
천보 원년 기장	362	1528	1만6829	852만5763	4890만9800	『구당서』 9권
천보 원년				834만8395	4531만1272	『책부원구冊府元龜』 486권, 『통전』 7권

당나라 호부戶部 기장 일람표. 당태종은 수나라의 멸망을 교훈으로 삼아 나라 안에서 절약을 강력히 실천하고 백성의 부담을 줄여 사회질서의 안정을 꾀했다. 이런 정관의 치를 바탕으로 당나라의 경제와 인구는 점차 성장했다.

적인 정치에서도 인치人治는 주된 경향이 아니었다.

특정 개인에게 의존하는 정치의 특징은, 그 사람이 사라지면 정치도 실종되므로 나라의 오랜 평화와 안녕을 보장할 수 없다는 것이다. 그래서 그런 정치는 삼국시대 같은 동란의 시대와 한무제 같은 뛰어난 군주의 시기에만 존재했고 태평한 시대에는 제도에 의지해야만 했다.

이런 입장을 바탕으로 우리는 정관의 치를 새롭게 평가해야 한다.

사실 정관의 치는 전형적인 인치였다. 그것이 성공한 것은 대부분 태종과 위징 덕분이었다. 만약 위징이 수양제를 만났다면 진즉에 목이 날아갔을 것이고 태종 옆에 봉덕이가 있었다면 과거의 전철을 밟는 데 그쳤을 것이다. 현무문의 변이 있기 전에 봉덕이는 이세민에게 충성심을 표시했지만 동시에 은밀히 이건성의 앞잡이 역할을 했다. 이 일은 그가 죽은 뒤에야 발각되어 당태종을 깜짝 놀라게 했다.[43]

세상에서 누구를 믿어야 하나?

태종 본인도 썩 믿음직스럽지 못했다. 정관 초기에 그는 확실히 겸허하고 신중했다. 그러나 중기가 되자 자만하고 뽐내기 시작했다. 그가 위징을 칭찬하고 추앙한 것조차 자기 자랑의 혐의가 없지 않다. 정관 12년(638) 3월, 당태종은 5품 이상의 관리들이 모인 연회에서 차고 있던 칼을 위징에게 하사한 뒤 그에게 물었다.

"요 몇 년간 짐이 한 일이 예전과 비교해 어떠한가?"

확실히 그는 아부를 듣고 싶었던 게 분명하다.[44]

---

43 『신당서』 『구당서』의 「봉덕이전」 참조.

44 당태종의 바람은 위징이 죽은 뒤 실현되었다. 정관 18년(644) 4월, 즉 위징이 사망한 그 이듬해에 당태종은 대신들에게 자신의 과실을 지적해보라고 했다. 그러자 장손무기 등은 모두 "폐하는 과실이 없습니다"라고 했고, 단지 두 사람만 의견을 말했다가 그중 한 사람이 같은 해에 죽임을 당했다. 또 정관 21년(647) 5월, 당태종은 자신의 공이 옛날 사람을 능가하는 다섯 가지 점에 관해 결론짓고 대신 저수량에게 묻기를, "자네는 사관을 지낸 적이 있으니 짐의 말이 사실인 것을 알겠지?"라고 했다. 저수량은 "폐하의 성덕이 어찌 다섯 가지뿐이겠습니까? 실로 너무나 겸손하십니다"라고 답했다. 『자치통감』 197, 198권 참조.

그러나 위징의 답변은 예상과 달랐다.

"지금 폐하의 위엄과 덕망은 예전과 비교할 수 없이 높아졌지만, 백성의 지지는 지금이 예전보다 못합니다."

당태종은 눈이 휘둥그레져서 다시 물었다.

"어떻게 그럴 수가 있나?"

"정관 초년에 폐하는 충언을 듣지 못할까 두려워 항상 온갖 수단을 다해 의견을 말하게 하고 기꺼이 귀를 기울이셨습니다. 그런데 지금은 의견을 듣기는 해도 항상 시늉뿐이고 난색을 감추지 못하시니 당연히 예전보다 못합니다."

당태종은 실망해서 말했다.

"사람은 정말 자신의 결점을 알기 어렵구나!"[45]

그래서인지 위징이 죽은 뒤, 당태종은 이런 말을 했다.

"구리를 거울로 삼으면 의관을 가다듬을 수 있고 옛날을 거울로 삼으면 세상의 성쇠를 볼 수 있으며 사람을 거울로 삼으면 일의 득실을 알 수 있다. 위징이 세상을 떠나 짐은 거울을 잃었도다."[46]

하지만 그런 거울을 얻는 것은 쉬운 일이 아니다.

그래서 믿을 수 있는 것은 역시 제도다.

사실 수와 당은 새로운 제도를 창조한 시대였다. 그 창조는 수나라 개황 연간에 시작되어 정관의 치에 완성된, 몇 세대 사람들의 집단 지성이 낳은 결정이었다. 그 풍부한 내용을 우리는 곧 이야기하게 될 것

---

45 『자치통감』 195권 참조.
46 『자치통감』 196권 참조.

이다.

이제 중간 결산을 하고 넘어가자. 찬란했던 수와 당은 수많은 이의 노력으로 건설되었다. 수양제는 남북을 소통시켰고 당태종은 한족과 이민족을 융합시켰으며 위징 등은 새로운 정치를 수립했다. 그들은 함께 새로운 문명을 창조했다. 그 새로운 문명은 세 개의 키워드로 요약된다. 바로 관료정치, 혼혈 왕조, 세계 제국이다.

이제 하나씩 이야기해보기로 하자.

제3장

관료정치

말을 타고 거리를 누비며 아름다운 꽃을 구한 새 진사들은
점차 제국 관료집단의 주요 세력이 되었다.
바로 그 집단이 지탱한 삼성육부제가 당, 송, 원, 명, 청의 새 정치를 열었다.

큰 배경

중국인들은 보통 중국사의 시작을 당나라와 송나라로 인식한다. 왜냐하면 그들에게 익숙한 시대는 춘추전국도, 진한과 위진도, 또 오호십육국도 아니고 당, 송, 원, 명, 청이기 때문이다. 이 다섯 왕조는 혼연일체의 역사적 정체성을 형성하여, 중국인들은 큰 고민 없이 즉석에서 그 왕조들에 관해 거론할 수 있다.[1]

그렇다면 그 정체성은 또 무엇에서 비롯된 것일까?

삼성육부三省六部와 과거제다.

과거제와 삼성육부는 모두 수와 당이 창조한 제도이며 이 장의 주요 내용이다. 간단히 말하면 삼성육부는 중앙정부의 조직에 관한 제도이고 과거제는 제국 관리들의 선발제도다. 그중에서 과거제와 육부제는 청나라 말까지 이어져서 그 존속 기간이 중국 제국사의 60퍼센트 이상을 차지한다. 당, 송, 원, 명, 청을 하나로 인식하는 것은 바로 이 두

103

---

1 이 관점은 저우스펀周時奮, 『중국사 11강中國歷史十一講』 참조.

가지 제도가 끝까지 이어졌기 때문이다.

확실히 여기에 비밀이 담겨 있다.

또한 그 비밀은 국가의 성격과 관련이 있다.

전설에서 계啓가 선양禪讓을 폐지한 시점부터 중국 민족은 선사시대를 뒤로하고 국가시대로 들어섰다. 얼리터우二里頭 유적(하 왕조나 상 왕조 초기의 것으로 여겨지는, 기원전 2000년에서 기원전 1500년 무렵의 청동기 유적. 허난 성 얼리터우에서 출토된 고대 도시 유적이 대표적이다)을 고고학적 증거로 삼으면 이 시대는 지금까지 3700년간 이어져왔다. 그리고 이 3700년은 또 세 단계로 나뉜다. 진나라의 천하통일 전의 방국시대, 진나라의 천하통일과 신해혁명 사이의 제국시대, 그 이후의 공화국 시대다.

시대가 다르면 정치와 제도도 달랐다.

방국시대에는 국가는 봉건제, 정치는 귀족제였다. 명분상 하늘로부터 권한을 받은 천자가 천하를 제후들에게 분배한 것이 국國(방국)이었고 제후들이 방국을 대부들에게 분배한 것이 가家(채읍采邑)였다. 제후들은 방국에 대해, 대부들은 채읍에 대해 독립적인 통치권을 향유했는데 이것이 바로 봉건이었다.[2]

천자는 천하의 공주共主였고 제후는 방국의 국군國君이었으며 대부는 채읍의 가군家君이었다. 그들의 작위와 권력은 전부 가문 내에서 세습되었고 계승권이 없는 자제는 사士가 되었다. 그들이 함께 하나의 계급을 이룬 것이 귀족이다.

----

2 엄밀한 의미에서의 방국시대는 서주 때 시작되었다. 그 전의 하나라는 부락국가였고 상나라는 부락국가 연맹이었으며 주나라는 국가연맹이었다. 이 연맹은 주 왕국을 맹주로 삼았고 주 천자는 공주公主였다. 천하의 소유권은 명목상 주 천자에게 속하여 "하늘 아래 왕의 땅이 아닌 곳이 없다"고 했다. 통치권도 마찬가지여서 "온 땅에 왕의 신하가 아닌 자가 없다率土之濱, 莫非王臣"고 했다. 하지만 주 천자가 제후들에게 봉토를 분배하면 그 국國의 소유권과 통치권은 제후들에게 속했다. 한편 그들도 자신의 봉토를 재분배할 수 있어서 대부들의 가家가 세워졌다. 이처럼 천하, 국, 가 단계별로 권한을 맡기고 각자 다스리며 스스로 손익을 책임지는 것이 방국제도였다. 『이중톈 중국사 3: 창시자』 참조.

귀족이 채읍을 관리하는 것을 제가齊家라 했고 방국을 다스리는 것은 치국治國이라 했으며 국제 질서를 유지하는 것은 평천하平天下라 했다. 하지만 제가든, 치국이든, 평천하든 모두 의무를 다하는 것일 뿐이지 고용된 일은 아니었다. 가와 국은 다 그들 자신의 것이었기 때문이다. 그래서 그들에게는 봉급과 보수가 없었고 타락할 수는 있지만 부패할 수는 없었으니 이것이 바로 귀족정치였다.[3]

방국시대는 귀족의 시대였다.

귀족의 시대도 네 단계로 나뉜다. 서주는 왕의 시대, 동주는 제후의 시대, 춘추는 대부의 시대, 전국은 사의 시대였다. 이것은 무엇을 의미할까? 점진적인 귀족계급의 추락과 방국제도의 해체를 의미한다. 어떤 제도와 정치도 영원할 수는 없어서 새로운 국가제도가 필연적으로 탄생했다.

그것은 바로 제국이었다.

제국제도의 특징은 중앙집권이었다. 천하의 소유권과 통치권이 모두 한 사람과 한 가문, 즉 황제와 황족에게 속했다. 황제 밑의 사농공상士農工商을 전부 똑같이 호적에 편입시킨 것을 '편호제민編戶齊民'이라고 했다. 공신과 귀족과 황제의 친척이 왕후로 책봉되더라도 그들의 봉국은 더 이상 영지가 아니었다. 그들에게는 통치권이 없었다.[4]

그래서 하나의 계급으로서의 귀족은 이론적으로 이미 존재하지 않게 되었고 실제로도 점차 사라졌다. 혹은 제국시대에는 집권 계층은

105

---

3 군주를 보좌하는 귀족은 비록 보수는 없었지만 사례는 있었다. 고급 귀족에게 사례하는 방법은 땅과 백성을 주는 것, 즉 대부와 제후로 책봉해주는 것이었다. 제후는 봉국에 대해, 대부는 채읍에 대해 소유권과 통치권을 가졌다. 사가 받는 사례는 세전世田이었는데 소유권만 있고 통치권은 없었다.
4 서한 초와 서진은 예외였다. 그 결과 서한에서는 칠국의 난이, 서진에서는 팔왕의 난이 일어났다. 그런데 당나라에 와서도 봉건을 주장하는 사람이 있었다. 유종원柳宗元, 「봉건론」 참조.

있어도 귀족계급은 없었으니 당연히 귀족정치도 이어지기 어려웠다.

그것을 대신하는 것은 무엇일 수 있었고, 또 무엇이어야 했을까?

이치대로라면 황권정치가 맞았다. 진시황과 한무제도 그렇게 생각했다. 그러나 중국 제국은 너무 광활하고 인구가 많아서 전적으로 "황제 혼자 천하를 다스리는" 인치를 실행하는 것은 사실상 불가능했다.

가능한 것은 무엇이었을까?

관치官治였다.

바꿔 말해 관리가 나라를 다스리거나, 관리가 대리하는 것이었다.

여기에는 다소 차이가 있다. 관리가 나라를 다스린다는 것은, 황제는 높은 곳에서 원수가 되어 국가의 통일과 주권을 대표하는 역할만 하고 정무는 모두 관료집단에 넘겨 처리하게 하는 것이었다. 이것은 유가의 이상이었다. 관리가 대리한다는 것은 황제가 직접 통치권을 행사하고 관리는 대리인과 집행인의 역할을 하는 것이었다. 이것은 법가의 주장이었다.

의심의 여지 없이 관리가 나라를 다스리는 것과 관리가 대리하는 것은 대립물의 통일이었다. 관료집단이 제국을 다스리더라도 황권정치의 틀 안에서 다스릴 수밖에 없었기 때문이다. 마찬가지로 황제가 일인 독재를 했지만 중앙의 정무도 관리가 처리해야 했고 지방의 행정도 관리가 대리해야 했다. 황제가 모든 일을 책임지고 할 수는 없었다.

그래서 제국의 정치는 관료정치였다고 할 수 있다.

물론 황권정치였다고도 할 수 있다.

귀족정치가 역사의 무대에서 사라지면서 모순과 부패가 시류에 따라 생겨나기 시작했다. 귀족의 치국과 제가는 사실 스스로 자신을 단속하는 것이었고 다툼이 생겨도 그것은 청부받을 권한을 둘러싼 쟁탈전이었다. 나중에 제후들이 겸병 전쟁을 일으킨 것도, 대부들이 국유재산을 집어삼킨 것도 본질적으로는 그러했다.

하지만 황권정치와 관료정치는 줄곧 책임과 권리와 이익이 불분명했다. 예를 들어 천하와 국가는 도대체 누구의 것이었을까? 애매모호했다. 한편으로 사람들은 "하늘 아래 왕의 땅이 아닌 곳이 없다普天之下, 莫非王土"고 했고, 다른 한편으로 "천하는 한 사람의 천하가 아니라, 천하모든 사람의 천하다天下非一人之天下, 乃天下人之天下也"라고 했다. 이렇게 모순이 되니 어떻게 소유권이 불분명하지 않았겠는가?[5]

소유권의 귀속이 불분명하면 책임이 명확치 않아 동요가 생기게 마련이다. 결국, 황제가 강세일 때는 황권정치였고 황제가 약세일 때는 관료정치였다.

마찬가지로 중앙의 통치력이 멀리 못 미치고 황제가 구체적인 일들에 다 관여하지 못하면, 관리의 권력과 이익 추구에 너무 많은 여지를남기게 되었다. 게다가 관리는 제국이라는 회사에서 지분도 배당도 없었기 때문에 필연적으로 황권 대리의 기회를 이용해 사적인 이익을 도모했고 끝내 부패가 걷잡을 수 없는 지경에 이르렀다.

---

5 천하가 모든 사람의 천하라는 말은 강태공의 이름을 빌린 『육도六韜』 참조.

이것이 제국의 근본적인 위험 요소였다.

관료제도가 여러 차례 개혁된 것도 여기에 그 직접적인 원인이 있다.

다시 말해, 유생儒生이 기본 성원이었던 관료집단은 항상 더 많은 권력을 나눠 받길 원했다. 그것은 이익 때문이기도 했지만 이상이 더 큰 동기로 작용했다. 그들이 보기에 이상적인 정치는 당연히 군주와 신하가 함께 천하를 다스리고 문관 정부를 수립해 왕도와 어진 정치를 실행하는 것이었다. 정관의 치가 숭배를 받은 이유도 여기에 있다.

안타깝게도 역사에는 당태종과 송태조 같은 개명황제도 있지만 진시황, 한무제, 주원장처럼 패도를 일삼은 황제도 있다. 왕도는 줄곧 패도를 이기지 못했으며 황권과 관치의 투쟁도 계속되어 연이은 정치체제 개혁을 야기했다.

그런데 더 중요한 것은 역시 누가 통치계급이 됐느냐는 것이다.

방국시대의 통치계급은 영주였고 제국시대의 통치계급은 지주였다. 이것이 가장 중요한 역사적 차이다. 하지만 도대체 어떤 지주계급이 중앙집권의 제국제도에 가장 적합한지 확실해지기까지는 기나긴 실험과 탐색이 필요했다.

먼저 무대에 오른 것은 귀족지주계급이었고 시기는 진한시대였다. 그것은 전혀 이상한 일이 아니었다. 어쨌든 진한은 제1제국으로서 막 방국시대에서 넘어오기까지 귀족지주가 중개자 역할을 했다. 그래서 전한 초기에는 황족과 공신 집단이 함께 조정을 관장했고 귀족 출신의 제후가 재상을 맡는 것이 관례가 되었다.

그것은 당연히 제국의 본성에 부합하지 않았다. 그래서 유방과 여후呂后의 토사구팽과, 한무제의 여러 번에 걸친 권력 탈취가 있었다. 실제로 제후가 재상을 맡는 관례를 한무제가 깨고 평민 출신의 공손홍公孫弘을 승상丞相으로 임명한 것은 그가 이미 귀족지주가 통치계급이 될 수 없음을 의식했다는 것을 보여준다. 하지만 그들은 유감스럽게도 공신만 막고 외척은 피하지 못해 역시 귀족지주가 계속 정권을 장악했다.

그러나 한무제는 어쨌든 오직 유교만 숭상했고 공부를 해서 관리가 되는 것이 점차 사회적 기풍이 되기도 했다. 이로 인해 형성된 새로운 사회집단이 바로 사족士族 혹은 사족지주계급이었다. 이렇게 해서 황족과 천하를 공평하게 나눠 갖는 집단은 공신 집단과 외척 집단에서 명문 망족望族으로 변했고 마침내 문벌정치가 형성되었다.

문벌은 일종의 반半관료, 반귀족이었다. 하지만 진정한 관료는 마땅히 오늘날의 전문 경영인과 유사해야 했다. 더 중요한 것은 관료집단이 황권과 맞먹어서는 안 된다는 것이었으므로 그들은 출신이 고귀하면 곤란했다. 그래서 한문寒門 서족庶族, 즉 서족지주계급이 가장 제국에 적합했고 문벌제도는 단지 연결고리에 불과했다.

제도 변혁의 배후에는 역사의 추세가 존재했다.

이제 귀족지주와 사족지주는 모두 역사적 사명을 완성했다. 당, 송, 원, 명, 청은 서족지주의 시대가 될 예정이었으며 수와 당은 중요한 전환기였다.

그때 두 가지 제도가 창조되었다. 하나는 제국 관리의 선발제도, 즉 과거제였고 그 목적은 서족지주가 사족지주를 대신해 통치계급이 되게 하는 것이었다. 또 하나는 중앙정부의 조직 관련 제도인 삼성육부제였고 그 목적은 황권정치와 관료정치의 조화와 균형이었다.

그것은 당연히 예삿일이 아니었다.

그렇다면 삼성육부는 무엇이었을까?

또한 그 제도는 어떻게 황권과 관료 간의 균형을 맞췄을까?

삼성육부

간단히 말해 삼성육부는 수와 당, 두 왕조의 중앙정부였다. 그중 삼성三省은 중서성中書省, 문하성門下省, 상서성尙書省을, 육부六部는 상서성 밑의 여섯 개 직능 부서인 이부吏部, 호부戶部, 예부禮部, 병부兵部, 형부刑部, 공부工部를 뜻했다. 이 제도는 의미가 컸고 그 영향이 역사적이면서도 세계적이었다. 현재 중국 중앙정부의 부서도 여전히 부라고 하며 일본은 성이라고 한다.[6]

그러면 성은 무엇일까?

성은 원래 후궁後宮을 가리켰다. 위진과 수당 시기, 왕조의 중추적인 건축물 중 가장 앞(남쪽 끝)에 있는 것은 황성皇城이었으며 그 안에는 태묘太廟, 사직社稷, 관서官署, 아문衙門이 있었다. 그리고 가운데는 궁성宮城이고 황제가 군신들을 만나는 장소였다. 가장 뒤(북쪽 끝)가 바로 후궁이었다. 황제와 후비들의 내밀한 공간으로서 특별한 허락 없이는 들어갈

---

6 육부의 서열과 순서는 수당부터 송초까지는 변화가 있었다. 그러다가 왕안석의 변법에 와서 처음 이, 호, 예, 병, 형, 공으로 정해진 뒤로는 더 이상 변하지 않았다. 이 장의 내용은 첸무의 『중국 역대 정치의 득실中國歷代政治得失』, 우쭝궈吳宗國가 주편을 맡은 『중국 고대 관료정치제도 연구』, 양홍녠楊鴻年·어우양신歐陽鑫 의 『중국 정치제도사中國政制史』, 천마오퉁陳茂同의 『중국 역대 관직 연혁사中國歷代職官沿革史』, 『중국 역대 관료제도中國歷代官制』(제노서사齊魯書社 판), 쉬롄다徐連達가 편저한 『중국 역대 관료제도 대사전中國歷代官制大辭典』, 이중톈의 「제국 관료제도 간술帝國官僚制度簡述」 참조.

수가 없어 금禁 혹은 금중禁中이라 불렸다. 전한 원제元帝 때 황후 부친의 이름과 겹치는 것을 피하기 위해 금을 성으로 바꿨고 이때부터 금과 성이 다 통용되어 금이라 하기도 하고 성이라 하기도 하고, 금중禁中이라 하기도 하고 성중省中이라 하기도 했다.

확실히 성은 원래 정부와는 거리가 멀었다.

금성禁省이 정부기구가 된 것은 한무제 때문이었다. 그 사람은 재상의 손에서 권력을 빼앗고 관료정치를 황권정치로 바꾸기 위해 '일국양부一國兩府'의 정치체제를 발명했다. 궁 밖에는 재상이 우두머리인 '외조外朝'를, 궁 안에는 대사마大司馬가 이끄는 '내조內朝'를 조직하고 내·외조가 함께 조정을 관리하게 했다.(이중톈 중국사 제8권 『한무의 제국』 참조)

의심의 여지 없이 그것은 이원적 체계였다.

이원적 체계가 그전에도 있기는 했다. 한나라 초, 황제와 재상은 서로 명확히 일을 나누었다. 황제는 국가의 원수였고 재상은 정부의 수뇌였다. 재상이 있는 곳은 부府(상부相府)였고 기구는 조曹였으며 황제가 있는 곳은 궁(황궁)이었고 기구는 상尚이었다. 상에는 상의尚衣, 상식尚食, 상관尚冠, 상석尚席, 상욕尚浴, 상서尚書 이렇게 6상이 있었는데 기본적으로 황제의 생활을 관리해서 상부의 13조와는 부딪칠 일이 없었다.

그런데 한무제가 이 제도를 폐지했다. 한편으로 그는 조정에서 수완가를 선발해 상서직을 맡겨서 정무를 처리하게 했고, 다른 한편으로는 대사마를 임명해 업무를 주관하고 비밀 모의에 참여하게 했다(대사마는 **112**

전한 때는 '영상서사領尙書事'라 불렸고 후한 때는 '녹상서사錄尙書事'라 불렸다). 그 결과, 자연스럽게 대사마와 상서의 의견이 국가 정책으로 변했으며 상서도 비서에서 정책 결정자로, 상부는 거꾸로 정책 결정 기구에서 집행 기구로 변했다.

일국양부는 이때부터 출현했고 상서의 지위도 이때부터 변했다.

그런데 대사마가 '앞장서서領' '상서사尙書事' 즉 상서의 사무를 이끄는 것은 정규적이지 않았고 영상서, 녹상서사도 정식 관직명이 아니었다. 아무래도 이렇게 임시방편으로 제도를 대신하는 것은 장기적인 대책이 될 수 없었다. 그래서 후한 광무제光武帝는 아예 상서대尙書臺를 세웠는데 이것은 대각臺閣이라고도 불렸다. 이때부터 상서는 더 이상 궁정의 비서나 임시 사무장이 아니라 정식 국가 요직이 되었다.

상서사(사무)가 상서대(기관)로 변한 뒤로 일국양부는 제도가 되었다. 하지만 한 나라에 정부가 두 개인데 어떻게 일을 처리했을까? 아주 간단했다. 재상이 관직을 보류하고 정무를 대각으로 넘겼다. 바꿔 말해 삼공三公이 이끄는 상부는 유명무실했고 상서가 이끄는 대각이야말로 진정한 중추 기구였다.

그래서 조위曹魏 황초黃初 3년(222), 상서대는 궁 밖으로 이전해 정식으로 중앙정부가 되었다. 서진 또는 유송劉宋 말이 돼서는 또 상서성尙書省으로 변했다. 그러면 상서대는 왜 상서성으로 이름이 바뀐 것일까? 상서대의 별칭인 대각에서 대臺와 각閣은 다 황가皇家의 건물로서 대는

113

금성禁省 내에, 각은 궁성 가운데에 있었기 때문에 대각은 대성臺省이라고도 불렸다. 그래서 대가 성으로 바뀐 것은 그저 호칭이 바뀐 것에 불과했다.

중서성의 내력도 비슷하다.

한무제는 상서로 하여금 조정 일에 관여하게 하면서 상서가 하던 문서 보관과 수발 업무를 어쩔 수 없이 다른 사람에게 넘겼다. 그 사람이 바로 중서였다. 그런데 상서사를 이끌고 주재하는 대사마가 실질적인 재상이 된 후로 권력이 강해지자 황제는 또 참을 수 없게 되었다. 그래서 한선제漢宣帝 유순劉詢은 증조부인 무제의 수법을 본받아 중서로 하여금 상서를 대체시켜 대사마의 실권을 빼앗았다.

당시 대사마를 맡고 있던 외척은 당연히 이 조치를 받아들일 수 없었다. 그래서 한성제漢成帝 건시建始 4년(기원전 29), 그들은 다시 상서대로부터 권력을 빼앗아왔다. 조위 때에 와서는 상서대가 궁 밖으로 이전한 뒤, 궁 안에 비서처와 자기 사람을 안 둘 수가 없었기 때문에 위문제 조비는 바로 비서령祕書令을 중서령中書令으로 이름을 바꾸고 궁 안에 관서를 설치했다. 그 이름은 '중서감中書監'이었으며 서진 이후에는 '중서성'이라 불렸다.

그 결과, 어떻게 되었을까?

과거의 사례와 똑같았다. 궁성 안의 중서성이 점차 궁성 밖의 상서성을 대신해 정책 결정 기관이 되었다. 당시 사람들은 그것을 '봉황지鳳凰

池'라고 불렀다. 어떤 관리가 만약 중서령에서 상서령이 되면 겉으로는 영전한 것 같아도 실제로는 좌천당한 것으로 여겨졌다.

중서성이 사실상의 재상부가 되는 것도 당연히 여의치 않았다. 이번에는 문하성이 대두되었다. 문하성의 전신은 시중사侍中寺로서 한때 동사東寺, 서사西寺와 함께 '금중삼사禁中三寺'라 일컬어졌고 후한 말기에 시중성侍中省으로 이름이 바뀌어 조위 때는 또 산기성散騎省과 함께 '금중이성禁中二省'이라 불렸다. 이어서 동진 애제哀帝 때 두 성을 합병한 것이 바로 '문하성'이다.

문하성의 원래 업무는 주로 황제의 일상 사무를 챙기는 것이었다. 그런데 궁정에 설치되어 황제 곁에 있으면서 황제의 일에 관해 모르는 게 없었으므로 또 정부의 새로운 대체자가 되었다. 북조의 문하성 장관은 한층 더 실질적인 재상 역할을 했다.

이것이 바로 삼성의 내력이다. 그 중요성은 일정한 원칙 없이 전적으로 황제의 의사에 좌우되었다. 하지만 대체로 후한 때는 상서성이, 남조 때는 중서성이, 북조 때는 문하성이 중시되었다. 그리고 수당 때에 와서 삼성이 같이 중시되어 함께 중앙정부가 되었다. 호칭은 또 한나라 때 상서대의 예가 답습되어 대각 혹은 대성이라 불렸다. 당고종 때는 상서성을 중대中臺, 문하성을 동대東臺, 중서성을 서대西臺라 불렀다.

물론 문하성은 그때 이미 궁 밖으로 나간 상태였다.

115　궁 밖으로 나간 삼성은 정립鼎立하여 세력 균형을 이루었다. 중서성

과 문하성은 마주보고 있었는데 문하성은 동쪽에, 중서성은 서쪽에 있었고 합쳐서 양성兩省 혹은 북성北省이라고 불렸다. 승천문承天門 큰길에 위치한 상서성은 중서성, 문하성의 남쪽에 있었으므로 남성南省 혹은 남궁南宮이라고 불렸다.

삼성 중에서 상서성의 등급이 가장 높아서 장관인 상서령이 정2품, 차관인 좌복야左僕射, 우복야右僕射가 종2품이었다. 이는 당연히 상서성이 가장 일찍 대두했고 관여하는 일도 가장 많았으며 수나라에 이르기까지 계속 모든 것을 장악한 기관이었기 때문이다. 고경과 양소는 좌, 우복야의 신분으로 수나라의 재상이 되었다.

상서성은 규모도 가장 커서 아래에 6부部 24사司를 두었다. 그중에서 이부吏部는 관리들을 관할해서 조직부나 인사부에 해당했고, 호부는 재정을 관할해서 재무부 겸 상무부에 해당했으며, 예부는 제사와 교육을 관할해서 문화부 겸 교육부에 해당했고, 병부는 군정을 관할해서 국방부에 해당했으며, 형부는 형벌과 법률을 관할하여 공안부와 사법부에 해당했고, 공부는 공사를 관할하여 건설교통부와 농업부에 해당했다.

6부의 장관은 모두 상서라 불렸고 정3품이었다. 차관은 또 모두 시랑侍郎이라 불렸으며 정4품이었다(이부시랑은 정4품상正四品上이었다). 각 부밑에는 다시 네 개의 사가 있고 사의 책임자는 모두 종5품상의 낭중郎中이었으며 부책임자는 모두 종6품상의 원외랑員外郎이었다. 그 밑은 주

당대의 삼성육부와 중앙관제

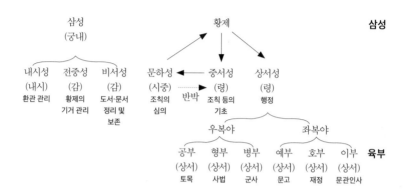

삼성 (궁내)				**황제**			**삼성**
내시성 (내시) 환관 관리	전중성 (감) 황제의 기거 관리	비서성 (감) 도서·문서 정리 및 보존	문하성 (시중) 조칙의 심의	중서성 (령) 조칙 등의 기초	상서성 (령) 행정		

반박

우복야　　　　　좌복야

공부 (상서) 토목	형부 (상서) 사법	병부 (상서) 군사	예부 (상서) 문고	호부 (상서) 재정	이부 (상서) 문관인사	**육부**

태부시 (경) 조공 접수 시장 관리	사농시 (경) 급료 지급 조세·운송 창고·회계	홍려시 (경) 외빈 접대 장례·불교 사원	대리시 (경) 형벌·감옥	태복시 (경) 말·수레	종정시 (경) 황족의 사무	위위시 (경) 무기·의장	광록시 (경) 향연	태상시 (경) 예악·제례	**구시**

십육위 (대장군) 금군	**어사대** (대부) 관리 감찰	도수감 (대장) 하천 나루와 다리	장작감 (대장) 토목·궁중 음식재료	군기감 (경) 병기	소부감 (경) 황제의 복식 백관의 예도	국자감 (제주) 학교 행정	**오감**

사主事로서 종9품상이었다. 6부 24사는 각 부의 제1사가 곧 본사本司였다. 예를 들어 이부의 제1사는 이부사吏部司, 호부의 제1사는 호부사戶部司였다.

상서성에는 또 종합사무동이 있었는데 그 이름은 도성都省 혹은 도당都堂이었다. 각 부의 사무동은 부당部堂이라 불렸다. 6부의 상서와 시랑은 매일 오전마다 도당에 모여 회의를 했고 오후에는 자기 부로 돌아가 일을 보았다. 만약 상서가 국무회의에 출석해야 하면 시랑이 업무를 주관했다.[7]

확실히 그것은 정교하고 엄밀한 체계였고, 그래서 수당부터 명청까지 기본적으로 변함없이 유지되었다. 6부의 숫자, 부의 명칭, 구조, 직능, 직함까지 바뀐 게 없었으며 바뀐 것은 관직의 등급과 권력뿐이었다. 간단히 말해 관직의 등급은 청나라 때 가장 높았고 권력은 명나라 때 가장 강했는데 이에 대해서는 나중에 논할 것이다.[8]

명청 양대에 육부가 권력이 강하고 지위가 높았던 것은 수당과 송원, 네 왕조를 거치며 육부의 효과적인 행정제도가 검증되었을 뿐만 아니라, 주원장이 재상 제도를 폐지한 후로는 더 이상 중간 프로세스가 존재하지 않기 때문이다. 육부가 황제 직속으로 함께 중앙정부를 구성했으므로 당연히 수당의 육부와는 함께 논의되기 힘들다.

하지만 명청 양대에도 명의상 재상이 없었을 뿐이었다. 명나라의 내각內閣과 청나라의 군기軍機가 사실 명의가 없는, 이것도 저것도 아닌

---

7 위의 내용은 『구당서』「직관지이職官志二」 참조.
8 육부 관리들의 직급은 다음과 같이 변했다. 상서는 정삼품(당), 종삼품(송), 정삼품(원년), 정이품(명), 종일품(청)으로, 시랑은 정사품(당), 종삼품(송), 정사품(원년), 정삼품(명), 정이품(청)으로, 낭중은 종오품(당), 종육품(송), 종오품(원년), 정오품(명), 정오품(청)으로, 원외랑은 종육품(당), 정칠품(송), 종육품(원년), 정오품(명), 정오품(청)으로, 주사는 구품(당), 정육품(명), 정육품(청)으로 변했다.

반쪽짜리 재상이었다. 그것은 당연히 황권정치의 승리를 뜻했지만 그 승리는 대가를 치러야 했고 그 대가는 바로 제국제도의 철저한 멸망이었다.

수문제와 당태종은 물론 그 점을 생각하지 못했다. 신흥 세력의 대변인으로서 그들이 해야 했던 일은 제도를 개혁하고 역사를 창조하는 것이었다. 실제로 그들은 그 일을 했고, 게다가 아주 잘 해냈다. 합리적이고 성공적인 제도 설계 덕분에 그들은 세계적인 문명을 창조해냈다고 말할 수 있다.

그러면 수당 정치개혁의 요점은 무엇이었을까?

정사당

수당에 대해 말하려면 먼저 한나라를 돌아봐야 한다.

한나라 중앙정부의 조직제도는 삼공구경三公九卿이었다.

삼공은 전한 때는 승상, 태위太尉, 어사대부御史大夫였고 후한 때는 태위, 사도司徒, 사공司空이었으며 그들은 모두 재상이었다. 구경은 9명 혹은 9명 이상의 부서 책임자로서 정부의 장관에 해당했다. 삼공에게는 부가 있었는데 공부公府는 삼성에 해당했고 구경에게는 사가 있었으니 경사卿寺는 육부에 해당했다. 수당의 정치개혁은 삼성육부로 삼공구경을 대체하는 것이었다. 그날을 위해 위진남북조는 369년을 준비했다.

이제 네 가지 의문이 제기된다. 첫째, 왜 개혁하려 했을까? 둘째, 어떤 점들을 개혁했을까? 셋째, 어떻게 개혁했을까? 넷째, 효과는 어땠을까?

먼저 육부와 구경을 살펴보자.

겉으로 보면 육부와 구경은 차이가 없었다. 구경은 정부의 장관이었고 육부의 상서도 그랬다. 그러나 구경의 일은 정무와 사무가 나뉘지 않았다. 국가의 재정과 경제를 주관하는 대사농大司農은 정무직으로서 호부상서에 해당했지만 황제의 출행을 책임지는 태복太僕은 사무직으로서 황가의 사무를 담당했다.

이렇게 명확치 않은 부분은 당연히 개혁이 필요했다.

수당이 택한 방법은, 정무는 전부 육부에, 사무는 전부 시감寺監에 귀속시키는 것이었다. 예를 들어 태상시太常寺는 제사를, 광록시光祿寺는 연회를, 위위시衛尉寺는 기계를, 종정시宗正寺는 종실宗室을 관할했다. 황제의 식생활과 거주 문제는 전중성殿中省과 내시성內寺省으로 넘겼다. 정무와 사무의 분류, 국가와 황가의 분리로 상서성 밑의 육부는 순수한 국가기관 겸 직능부서로 변모해 개혁이 잘 완수되었다.

그 후로 육부제가 계속 이어진 것은 역시 여기에 원인이 있다.

그러면 삼공은 또 무슨 문제가 있었을까?

권력이 너무 컸다.

한나라 초기의 제도에 따르면 제국의 행정, 군사, 감찰의 권한은 다 삼공의 수중에 있었다. 삼공은 각자 부를 갖고서 독립적으로 일을 보았다. 그리고 큰일이 생기면 삼공이 회의를 열고 방안을 마련해 황제에게 비준을 받았다. 황제는 5일에 한 번 조회를 열었지만 보고를 듣고서 가부만 표시하고 정책 결정에는 참여하지 않았으니 그야말로 허수아

비나 다름없었다.

강성이었던 한무제 같은 황제들은 당연히 이를 받아들이지 못했다. 그래서 내조와 외조가 생기고 상서사와 상서대가 생긴 것이다. 하지만 안타깝게도 황제를 도와 재상권을 탈취해온 이들이 자기가 또 새로운 재상이 되는 바람에 황제는 부득이 똑같은 과정을 되풀이해야 했다. 그 결과, 어떻게 됐을까? 상서 이후에는 중서가 있었고 중서 이후에는 문하가 있었다. 이렇게 끝이 보이지 않았다.

아무래도 근본적인 해결책이 필요했다.

삼성 제도가 바로 그런 일괄적인 해결책이었다. 사실, 차례로 궁에서 밖으로 나간 성省들은 전부 정식으로 공부公府를 대신하는 재상 기구로 변하기는 했다. 하지만 삼성을 상부로 인정해주지 않았고, 삼성의 장관들을 확실한 재상으로 인정해주지도 않았다. 또한 설령 인정해주더라도 그들의 재상권을 분할하려고 했다.

여기에는 당연히 일정한 과정이 있었다. 수나라 때 상서성의 좌, 우복야는 모두 재상으로 간주되었다. 하지만 당나라 상서성의 장관은 상서령이었다. 상서령은 당연히 재상이었지만 감히 맡으려는 사람이 없었다. 즉위 전, 당태종이 그 직책을 맡은 적이 있었기 때문이다. 그래서 상서성에는 두 명의 차관인 좌, 우복야만 있었다. 그러면 좌, 우복야는 재상이었을까? 대답하기 곤란하다. 당시 상황을 봐야 한다.

무슨 상황을 봐야 한다는 것인가?

122

실제로 정사당政事堂 회의에 참가할 자격이 있었는지 봐야 한다.

정사당은 무엇일까? 중서와 문하, 두 성의 장관이 회의하던 장소다. 두 성의 장관은 왜 회의를 했을까? 하는 일이 달랐기 때문이다. 간단히 말해 중서성의 임무는 법령의 기초였고 문하성의 임무는 심의였다. 그래서 중서와 문하, 두 기관은 만나야 했다.

실제로 법령의 기초는 중서성의 몫이었지만 공포를 할 수 있는지 없는지는 문하성에 달려 있었다. 어떤 경우에는 중서성이 기초를 마치고 도장을 찍은 뒤, 황제에게 올려 서명을 받아서 조서를 꾸몄다. 하지만 다른 경우에는 문서를 만들어 먼저 문하성에 보냈고, 문하성의 장관인 시중侍中과 차관인 문하시랑門下侍郎 그리고 그 직속 관리들이 차례로 심의를 해서 문제가 없으면 비로소 황제가 승인해 상서성에 하달했다.

하지만 첫 번째 경우에도 역시 황제의 서명 후 문하성에 보내야 했다. 문하성의 부서명副署名이 빠지면 조서는 법률적 효력을 갖지 못했다. 중서성이 문하성에 보낸 문서는, 문하성에서 문제가 있다고 판단하면 원본의 글자를 지우거나 고쳐 쓴 상태로 돌려보냈는데 그것을 '도귀塗歸'라고 했고 봉박封駁, 봉환封還, 박환駁還이라고도 했다.[9]

다시 말해 문하성이 동의하지 않으면 중서성은 성과를 내지 못했다.

여기에는 그 자체로 중요한 의미가 있는데 뒤에서 상세히 논하기로 하자. 적어도 당나라인은 정권을 잡든, 법을 만들든 반드시 절차를 지켜야 하지, 절대 성질대로 아무렇게나 하면 안 된다는 것을 이미 알고

---

9 먼저 문하성이 심의하고 황제가 서명하는 것을 제서制書라 했고, 먼저 황제가 서명하고 문하성이 부서명하는 것은 칙서勅書라고 했다. 류허우빈劉後濱, 「삼성 체제에서 중서문하 체제까지從三省體制到中書門下體制」 참조.

있었다. 효율을 높이기 위해, 그리고 말썽이 생길까 두려워 당나라의 재상들은 융통성 있는 방법을 택했다. 즉, 문서를 보내기 전에 먼저 회의를 했다. 두 성의 의견이 일치한 뒤 문서를 보내면 '봉박'이 될 리가 없었다.

그 회의를 열던 곳의 이름이 '정사당'이었다.

정사당은 처음에는 문하성에 있다가 나중에 중서성으로 자리를 옮겼으며 당현종 개원開元 11년(723)에 아예 '중서문하'로 이름이 바뀌었다. 중서문하의 회의에는 두 성의 장관과 차관이 다 참석했고 상서성의 책임자는 참석할 때도, 참석하지 않을 때도 있었다. 그래서 당나라인이 생각하기에는 중서문하만이 진짜 재상이었다. 어떤 명령도 중서문하의 도장이 찍혀야만 합법성이 생겼다.

그렇다면 정사당이 바로 중앙정부였을까?

그렇기도 했고, 그렇지 않기도 했다. 정사당은 무슨 기관이 아니라, 국회의사당 같은 회의 장소에 불과했기 때문이다. 나중에 또 '정부政府'(정사당의 부라는 뜻)라 불리기도 했지만 그것은 개원 11년, 정사당을 위한 사무 기구가 설립된 후의 일이었다. 당현종 이전에는 거기에서 온종일 근무하는 사람은 없었다.

정사당 회의 참석자의 수도 정해진 규칙이 없었다. 가장 많을 때는 열몇 명, 가장 적을 때는 두세 명이었다. 가장 난처했던 이들은 상서성의 차관인 좌, 우복야였다. 그들의 직급은 중서성과 문하성의 장관들보

다 높았지만(전자는 종2품, 후자는 정3품이었고 후자는 대종代宗 때에 가서야 정2품
으로 올라갔다), '동중서문하평장사同中書門下平章事'라는 직함을 따로 못 받
으면 회의에 참석할 자격이 없었고 역시 재상이 아니었다.

이와 반대로 직급이 상대적으로 낮은데도 어떤 관리는 '동중서문하
삼품同中書門下三品'이라는 직함을 받으면 회의에 참석할 수 있었으니 역
시 재상이었다. 양한兩漢은 재상이 삼공이었고 그들 중 승상은 두 명이
될 수 있어도 나머지는 다 한 명씩이었다. 당나라처럼 그렇게 여러 명이
재상이 되고 인원도 늘었다 줄었다 하지 않았다.

정사당, 이 '중앙정부'는 총리가 없었고 회의에서는 돌아가며 한 명
씩 의장을 맡았다. 그 의장을 '집정사필執政事筆' 혹은 '집필執筆'이라 불
렀다. 집필은 회의 참석자들이 돌아가며 맡았는데 때로는 열흘을 맡기
도 하고 때로는 하루를 맡기도 했다. 확실히 당나라 때는 '국무회의'와
'국무위원'만 있고 '국무총리'는 없었다. 당연히 '국무원'이나 '재상부'도
없었다.[10]

삼성육부는 삼공구경과는 크게 달랐다.

하지만 이 두 제도는 공통점도 있었다.

공통점은 재상권을 분할한 데 있었는데 단지 분할의 방법만 달랐다.
양한의 방법은 3권의 분할이었다. 승상은 행정을, 태위는 군사를, 어사
대부는 감찰을 관할했다. 당나라의 방법은 상호 견제였다. 중서성이 법
령의 기초를, 문하성이 심의를, 상서성이 집행을 관할했다. 상서성은 행

125

---

10 그래서 쳰무는 한대의 재상은 '영수제', 당대의 재상은 '위원제'였다고 말했다. 쳰무, 『중국 역대
정치의 득실』 참조.

정권은 있되 정책 결정권은 없었고 중서성은 정책 결정권은 있되 심의권이 없었다. 그리고 문하성은 심의권은 있되 행정권은 없었으며 정책 결정권은 더더욱 없었다.

결과적으로 누구도 권력을 독점하지 못했다.

권력의 상호 견제로 가장 손해가 컸던 곳은 상서성이었다. 특히나 당 현종 개원 연간 이후로 좌, 우복야가 더 이상 '동중서문하평장사' 직함을 받지 못함으로써 완전히 재상의 반열에서 퇴출되었다. 이와 동시에 정사당의 문서 발송에 중서문하의 도장을 찍게 됨으로써 삼성 체제는 중서문하 체제로 바뀌었다.

이때가 돼서야 정사당은 비로소 국무위원들의 회의장에서 제국 정무의 운영 센터로 변모해 어느 정도 '국무원'의 색깔을 띠었다. 하지만 당나라 시대에는 끝내 양한의 상국相國이나 대사마 같은 직책은 생기지 않았다. 권신으로 대권을 독점한 이임보李林甫와 양국충楊國忠은 특수한 예일 뿐, 제도는 아니었다.

그래서 정사당은 설사 중앙정부였다고 해도 정부만 있고 수뇌는 없었다.

이것은 훗날 정치체제 개혁을 위한 복선이 되었다. 송나라 때, 삼성이 합쳐진 정사당은 군사를 관할하는 추밀원樞密院, 재정을 관할하는 삼사三司와 나란히 이른바 '이부삼사二府三司' 체제를 이뤘다. 원나라 때는 또 상서와 문하 두 성을 폐지하고 중서성, 추밀원, 어사대御史臺를

3대 기구로 두었다. 마지막에는 중서성도 주원장에 의해 폐지되어 재상 제도와 함께 영원히 역사의 무대에서 사라졌다.

수당 정치개혁의 의의는 절대로 경시되어서는 안 된다.

권력의 상호 견제

겉으로 보면 양한부터 명청에 이르기까지 황권정치와 관료정치는 줄곧 경쟁을 벌였고 재상권도 줄곧 제한되고 약화되었지만 사실 온전히 다 그렇지는 않았다. 진정으로 재상권이 제거된 것은 명청시대였으며 그 결과가 명나라의 전제정치와 청나라의 독재정치였다. 양한과 송원은 더 많이 분업에 신경을 썼다. 한나라는 행정, 군사, 감찰을 나눴고 송나라는 행정, 군사, 재정을 나눴으며 원나라는 다시 되돌아가 행정, 군사, 감찰을 나눴다.

이런 방식은 "분업으로 분권을 실현했다"고 할 수 있다.

이에 비해 수당은 다소 특수했다.

수당이 더 중시한 것은 권력의 상호 견제였지 직무의 분업이 아니었다. 이 점에 대해서는 당태종이 대단히 명확하게 밝힌 바 있다. 중서성이 기초한 법령을 문하성이 반드시 꼼꼼히 심의해야 하는 것은 누구도 절대적으로 정확하지는 않기 때문이라고 말했다. 만약 개인적인 은원과 체면 때문에 백성의 원한을 살 잘못된 정책 결정을 한다면 그것이 바로 망국의 정치라고도 했다.[11]

그것은 확실히 명철한 인식이었다.

더 훌륭했던 것은 제도적 뒷받침이었다.

먼저 상서성의 정책 결정권을 점차 없앴다. 상서성은 역사가 오래되어 인원이 많고 권력이 컸으며 집행 부서이기도 했다. 정책 결정에 참여하면 확실히 상대적으로 발언권이 클 수밖에 없었다. 나아가 당시 육부의 각 수장인 상서들조차 중서성과 문하성의 장관과 직급이 같았으니(모두 정3품이었다) 상서성의 장, 차관인 상서령과 복야는 더 말할 나위가 없었다. 그들이 정사당의 회의에 참석해서 자기 부서의 이익을 대표하여 발언한다면 골치 아픈 일이 생길 게 뻔했다.

그들을 비켜서 있게 하는 수밖에 없었다.

그래서 입법과 집행, 정책 결정과 행정을 분리시켰다. 부서의 이익이 정책 결정 차원에서 작용하지 못하게 중서문하가 수완을 발휘했다. 그런데 집행부서의 참여 없이도 중서문하의 정책 결정은 현실과 괴리되지 않을 수 있었을까? 법령을 기초하는 권력은 중서성에 있었는데 그들이 잘못을 안 저지른다고 누가 장담할 수 있었겠는가?

그래서 더 발전된 제도가 설계되었다.

129 새 제도의 뛰어난 점은 중서성과 문하성에 각각 대단히 중요한 중급

---

11 『자치통감』 192권 참조.

관리, 즉 중서사인中書舍人과 급사중給事中을 배치한 것이었다. 중서사인은 중서성에 속했고 정원은 여섯 명이었다. 급사중은 문하성에 속했으며 정원은 네 명이었다. 직급은 모두 정5품상이었지만 책임은 아주 막중했다.

중서사인이 왜 중요했을까? 바로 문서를 기초하는 사람이었기 때문이다. 그리고 당현종 개원 2년(714), 재상 요숭姚崇의 개혁 방안에 의하면, 나라에 큰일이 생겼을 때 중서사인은 모두 자유롭게 자신의 제안을 적고 거기에 다른 사람의 이름을 적어야 했다. 이를 가리켜 '오화판사五花判事'라고 했다.[12]

그것은 '익명제'였다. 중서사인이 그런 식으로 자기 의견을 밝히면 장관인 중서령과 차관인 중서시랑도 편견 없이 그것을 읽을 수 있었고 심지어 다양한 의견을 취합해 황제에게 보고할 수도 있었다. 그래서 일부러 소란을 피우거나 직무를 남용하려는 것만 아니면 중서성에서 기초한 문서는 아주 얼토당토않은 경우는 없었다.

하물며 문하성의 검사까지 받아야 했다.

문하성의 검사자는 장관인 시중, 차관인 문하시랑 외에 급사중도 있었다. 급사중에게는 도개塗改와 비박批駁의 권한, 즉 검사한 문서의 글자를 지우거나 고친 뒤 돌려보낼 권한이 있었다. 황제의 칙령도 예외가 아니었다. 원화元和 연간에 급사중 이번李藩이 당헌종의 칙서에 지적하는 말을 적은 적이 있었다. 당시 누가 그에게 말했다.

---

12 요숭의 개혁은 『당회요』 55권에 나온다. 이 제도에 관해 『남부신서南部新書』 을편乙篇에서는 "무릇 중서성에 군국軍國의 중요한 일이 있으면 중서사인들이 각자의 생각을 쓰고 다른 사람의 이름을 적어 넣었으니 이를 오화판사라고 했다"고 설명했다.

"자네 의견을 어떻게 성지聖旨에 적을 수 있는가?"[13]

하지만 이번은 대수롭지 않게 말했다.

"다른 종이에 적으면 비박이라 할 수 없지."

급사중의 비중이 어땠는지 미루어 짐작할 수 있다.

대담하게도 이번이 칙서에 쓱쓱 글을 쓸 수 있었던 것은 그가 이번이었기 때문이 아니라 급사중이었기 때문이다. 급사중의 비중이 컸던 것은 또한 문하성에 심의권과 부서명권을 비롯한 여러 권한이 있었기 때문이다. 심의권은 중서성에 대한 것이었지만 부서명권은 황제에 대한 것이었다. 문하성 관리의 부서명이 없으면 칙령은 법적 효력이 없었다. 그래서 부서명권은 황권을 제한하는 강력한 무기가 되었다.

위징도 그 권한을 사용한 적이 있다.

무덕 9년(626) 12월, 당태종은 봉덕이의 건의를 받아들여 18세 이하의 남자아이들을 군대에 징집하려 했다. 당시 그가 서명한 칙령이 문하성에 도달했는데 위징이 죽자 사자 서명을 거부했다. 결국 당태종은 어쩔 수 없이 위징의 의견에 귀를 기울였고 마침내 칙령을 거둬들여 오류를 면했다.[14]

당태종이 제창한 새 정치는 사실 제도적 뒷받침이 있었다.

급사중에게는 한 가지 신분이 더 주어졌는데 그것은 바로 언관言官 또는 간관諫官이었다. 언관 제도는 진한 때 생겼으며 가장 대표적인 언관은 급사중과 간의대부諫議大夫였고 둘을 합쳐 급간給諫이라 불렀다.

---

13 『구당서』「이번전」 참조.
14 『자치통감』 192권 참조.

그 후로 당나라 때는 보궐補闕과 습유拾遺가, 송나라 때는 사간司諫과 사언司言이 있었다. 그들은 또 좌우로 나뉘었고 두 왕조에서 모두 좌는 문하성에, 우는 중서성에 있었다.

급사중의 직무는 황제의 언행과 조정의 법령에 대해 의견과 비판을 제시하는 것이었다. 이것은 곧 간언이었다. 정부와 관리를 감독하는 것은 감찰이라 불렀다. 감찰제도도 진한 때 생겼는데 진한부터 명청까지 중앙의 감찰관은 모두 어사라 불렸으며 감찰기관은 전한 때는 어사부御史府, 후한 이후에는 어사대御史臺, 명청 양대에는 도찰원都察院이라 불렀다. 그래서 감찰관은 대관臺官이라고도 했다.

대관과 간관을 합쳐 대간臺諫이라 불렀고, 또 대원臺垣이라 부르기도 했다. 감찰기관을 헌대憲臺, 간언기관을 간원諫垣이라 부르기도 했기 때문이다. 감찰관과 간언관은 간혹 손을 잡고 일하기도 했다. 예를 들어 급사중은 시어사侍御史, 중서사인과 함께 합의법정을 꾸려 억울하거나 날조된 사건을 접수, 처리할 권한이 있었다. 이를 '삼사수사三司受事' 또는 '삼사상결三司詳決'이라고 불렀다. 시어사는 어사대의 관리로서 종6품 하에 불과해 직급은 더 낮았다. 그러나 재상을 비롯한 모두가 그의 감찰 대상이었다. 심지어 황제조차 비판할 수 있었다.

여기에서 우리는 제도 설계의 포인트가 어디에 있었는지 쉽사리 알아낼 수 있다. 바로 권력의 상호 견제에 있었다. 이런 제도에서는 누구의 권력도 제한되지 않을 수 없었다. 중서성에는 익명제가 있었고 문하성에는 봉박권이 있었고, 간언관에게는 비판권이 있었고, 감찰관에게는 감찰권이 있었다. 황제와 재상도 자기 마음대로 행동하지 못했다. 게다가 감독과 비판의 효과를 보장하기 위하여 말하는 자는 무죄이고 말하지 않는 자는 거꾸로 직무 태만이라고 규정했다.

하지만 여기에도 문제는 있었다.

문제는 명확했다. 부서들을 감독하는 권력이 그렇게 컸다면 통제 불가능한 세력으로 성장하지 않았을까? 그렇지 않았다. 간관(간언)은 비판권만 있고 정책 결정권이 없었으며 대관(감찰)도 탄핵권만 있고 처분권은 없었기 때문이다. 그들은 전형적인 군자여서 입만 놀리고 손은 쓰지 못했다. 더욱이 '대원'의 규모도 한계가 있었다. 어사대는 원래 상서대와 비교가 안 됐고 '간원'은 그럴듯한 근무 공간조차 없었다.

하지만 제도의 뛰어난 점도 여기에 있었다. 간언과 감찰의 작용은 저울추와 같았는데, 저울대는 길어야 했고 저울추는 작아야 했다. 오직 그래야만 권력의 상호 견제가 가능했다.

이것을 가리켜 "작은 것으로 큰 것을 제어한다以小制大"고 한다.

삼성도 마찬가지였다. 삼성 중에서 오직 상서성만 도성都省이 있었다. 그것은 본부 겸 수뇌부였다. 그러나 중서성과 문하성은 도성이 없었으며 직급도 낮았다. 장, 차관이 육부의 상서 및 시랑과 동급이었다. 다시 말해 중서성과 문하성은 사실 부였고 상서성만 성이었던 것이다. 그런데도 중서성과 문하성이 재상 기관이고 상서성은 집행기관에 불과했으

니 이것 역시 "작은 것으로 큰 것을 제어한" 셈이었다.[15]

하지만 이것이 가장 중요한 점은 아니었다.

가장 중요한 점은 세 가지였다. 첫째, 삼성은 모두 궁정에서 조정으로 옮겨져 성이라고 불렸다. 삼성의 관리도 모두 황제의 비서 출신이었다. 상서는 정치 비서였고 중서는 기밀 비서였으며 문하는 생활 비서였다. 하지만 삼성은 궁정에서 독립해 나온 후로 진정한 정부 부서가 되었고 심지어 부분적으로는 황권을 제어하는 힘이 되었다. 이것은 대단한 발전이었다.

둘째, 한나라 시대의 삼공구경은 밑에 기구를 두기는 했지만(공부와 경사) 사람으로 인해 기구가 세워졌다. 즉, 먼저 재상이나 삼공이 있고 나중에 상부와 공부가 생겼다. 만약 재상이 부를 열 권한을 받지 못했으면 그에게는 부가 없었다. 태위라는 직책이 한무제에 의해 사라진 이후, 태위부도 더 이상 존재하지 않았다. 그래서 한나라의 제도는 삼공구경이라 부를 뿐, '삼부구사三府九寺'라고 부르지는 않는다.

하지만 수당은 먼저 삼성육부가 있은 뒤, 장관과 차관을 임명했다. 먼저 기구가 있고 나중에 수장이 있었던 것이다. 이것이 바로 수당과 양한의 근본적인 차이다. 삼공구경은 개인이었지만 삼성육부는 기구였고 한나라는 인치人治였지만 수당은 관치官治였다. 비록 관료정치는 송나라에 가서야 진정으로 성숙하기는 했지만 말이다.

셋째, 시작 단계로서 수당은 가능한 한 관료정치와 황권정치의 균형

---

15 삼성의 주요 관리들의 직급은 다음과 같았다. 상서도성의 장관인 상서령은 정이품, 차관인 좌, 우복야는 종이품, 비서장인 좌, 우승은 정사품이었다. 도성 밑, 육부의 상서는 정원이 1명이고 정삼품, 시랑은 정원이 2명이고 정사품이었다. 그리고 당대종 대력 2년(767) 이전, 중서성과 문하성의 장관인 중서령과 시중은 모두 정원이 2명이고 정삼품이었으며 차관인 중서시랑과 문하시랑도 모두 정원이 2명이고 정사품이었다. 육부의 상서는 1명씩이었는데 중서성과 문하성의 장관은 2명씩이었으니 그들은 육부의 상서보다 못했다.

을 실현했다. 한편으로는 재상권을 삼성에 분산하고 중서성과 문하성을 상호 견제하게 하여 황권을 강화했다. 하지만 다른 한편으로는 재상이 개인에서 집단으로 변하여 오히려 더 강력히 황권을 제어했다. 이 때문에 임금과 신하가 함께 다스리는 이상이 비로소 제기되고 실천될 수 있었으며 그것은 북송과 남송까지 이어졌다.

그것은 양한과 다르고 위진남북조와도 다른 새 정치였다. 새 정치는 당연히 새 관료를 필요로 했으므로 새 관리 선발제도도 탄생할 운명이었다.

우리는 그것이 과거라는 것을 알고 있다.

과거

과거는 중국 제국 역사상 세 번째 관리 선발제도다. 앞의 두 가지는 양한의 찰거察擧와 위진남북조의 천거薦擧다. 천거는 보통 대신이 황제에게 인재를 추천하고 연대 책임을 진 제도를 가리키는데 한나라 때 생겼으며 이 책에서는 그 대표적인 예로 위진남북조의 구품중정제九品中正制를 지목한 바 있다. 찰거, 천거, 과거는 고대 중국에서는 다 선거라고 불렸다. 선은 선택이고 거는 발탁이다. 이렇게 보면 현대 정치의 선거는 표거票擧나 표선票選으로 이름을 바꿔야 옳을 듯하다. 단지 선거의 일종일 뿐인 것이다.[16]

그러면 과거는 어떤 독특한 점이 있었을까?

먼저 찰거와 천거에 관해 살펴야 한다. 학자들은 늘 이 두 가지 선거 방식을 혼동하곤 하는데 사실 차이가 매우 뚜렷하다. 우선 찰거의 집행인은 제국의 각급 관리로서 재상부터 군수까지 모두 인재를 고찰하

---

16 이 절은 『신당서』 「선거지選擧志」를 바탕으로 서술했고 따로 왕카이쉬안王凱旋의 『중국과거제도사』, 우쭝궈의 『당대과거제도연구』, 류허우빈의 「삼성 체제에서 중서문하 체제까지」, 자이궈장翟國璋의 『중국과거사전中國科擧詞典』, 양보楊波의 『장안의 봄長安的春天』도 참고했다.

고 추천할 의무가 있었다. 하지만 천거의 집행인은 대부분 명문세가에서 담당했고 '중정관中正官'이라는 이름의 전문 관리였다. 그래서 "상품上品에는 한문寒門이 없고 하품下品에는 세족勢族이 없다"라는 문벌정치가 형성되었다.

또한 찰거는 과를 나누고 급은 나누지 않았는데 천거는 급을 나누고 과는 나누지 않았다. 찰거는 인재를 장점에 따라 분류했다. 예를 들어 재능이 탁월하면 수재秀才로, 품행이 단정하면 효렴孝廉으로 분류했다. 이것이 바로 과목科目이었다. 천거는 인재를 등급으로 나누었다. 상상上上부터 하하下下까지 모두 9등급으로 나누었기 때문에 '구품관인법九品官人法'이라고도 불렸다.

그런데 찰거든 천거든 모두 시험은 없었다.

달리 말하면 인재에 대해 '고찰'만 하고 '고시'는 치르지 않았다.

그 결과, 어떻게 되었을까? 고찰이 형식이 되고 말았다. 수재인데 글을 몰랐고 효렴인데 아버지와 따로 살았다. 이른바 인재 중 대다수가 가짜였다. 한영제漢靈帝는 아예 가격을 매겨 관직을 팔았고 제국은 곧 망했다.

남조의 상황도 썩 좋지는 않았다. 불로소득이 습관이 돼서 명문세가의 자제들은 갈수록 부패하고 무능해졌다. 그들은 큰일은 못하고 작은일은 하지 않으려 했다. 녹봉만 챙기며 직무를 유기하다가 결국 왕조와 함께 끝장이 나고 말았다.

겉만 보고 출신만 따지다 가짜와 기생충을 양산했으니 당연히 개혁이 필요했다.

그러면 개혁의 방법은 무엇이었을까?

시험이었다.

과거는 반드시 시험을 봐야 했다. 국가가 통일적으로 조직한 시험을 통해 관리를 선발한 것은 중국인의 커다란 발명이었고 현대 공무원 제도의 효시였다고 말할 수 있다. 하지만 역사상 전례가 없었기 때문에 탐색의 과정이 필요했다. 사실 당나라의 과거는 전적으로 답안지만 보지는 않았다. 고관과 귀인, 사회 명사의 추천도 합격과 등수를 결정할 수 있었다. 그리고 추천은 공개적으로 이루어져 오히려 부정을 저지르기가 쉽지 않았다.[17]

서응徐凝과 장호張祜의 예를 살펴보자.

서응과 장호는 모두 인재였고 시인이었다. 그들은 지역 시험에서 일등을 다투었는데, 마침 항주자사 백거이白居易의 연회에 초대받아 자신들의 시구를 낭송하게 되었다. 장호가 먼저 "해와 달의 빛이 먼저 닿으니, 산하의 기세가 전부 왔네日月光先到, 山河勢盡來"라고 읊자, 서응이 "오래도록 폭포가 흰 비단처럼 날아, 파란 산색에 길게 새겨졌네千古長如白練飛, 一條界破青山色"라고 응수했다. 이에 장호는 놀라 답하지 못했고, 그래서 사회 여론은 서응이 일등이 돼야 한다는 쪽으로 기울었다.[18]

그러나 당나라 중엽 이후에는 사회 기풍이 날로 기울어 시험관과 추 **138**

---

17 중국 고대 과거제도와 현대 공무원 제도의 관계와 차이에 관해서는 런솽任爽, 스칭환石慶環의 『과거제도와 공무원 제도科舉制度與公務員制度』를 자세히 참고했다.

18 왕정보王定保, 『당척언唐摭言』 2권 참조. 사실 이 일은 신빙성이 다소 부족하다. 백거이가 서응을 추천하고 장호를 제외한 것은 서응이 점잖고 장호는 천방지축이기 때문이었을 것이다. 두목杜牧은 「등지주구봉루기장호登池州九峰樓寄張祜」에서 "어느 누가 장 공자와 같을 수 있겠소, 수많은 시를 지어 만호후萬戶侯도 가벼이 여기는데誰人能似張公子, 千首詩輕萬戶侯"라고 했다. 양보, 『장안의 봄』 참조.

천자가 사욕을 위해 부정을 저질렀으며 심지어 권세를 믿고 남을 업신여기기까지 했다. 예를 들어 배사겸裴思謙이라는 자는 우두머리 환관인 구사량仇士良의 추천서를 들고 공원貢院(시험 기관 겸 시험장)에 난입해 예부시랑 고개高鍇에게 장원 자리를 내놓으라고 요구했다. 구사량은 극악무도해서 황제조차 두려워하는 자였기 때문에 고개는 어쩔 수 없이 말했다.

"다른 등수는 안 되겠소?"

"위에서 장원은 배 수재秀才(과거 응시자)가 아니면 안 된다고 했습니다."

고개는 고개를 폭 숙이고 말했다.

"그래도 내가 당사자는 한번 만나봐야 할 것 아니오?"

배사겸이 답했다.

"내가 바로 그 배 수재, 배사겸입니다."[19]

그것은 정말 말도 안 되는 일이었다. 그래서 송나라 이후에는 시험만 인정했고 명청 양대에는 시험장이 전쟁터 같아서 살벌하기 그지없었다. 시험 문제 유출, 대리 시험, 뇌물 수수 같은 부정행위가 발각되면 얼마나 큰 풍파가 일어나고 또 얼마나 많은 이의 목이 떨어질지 알 수 없었다.

확실히, 시험을 고집하고 또 시험을 근거로 삼은 것은 일리가 있었다. 실제로 똑같이 관리를 선발하더라도 과거는 다른 방식과 네 가지

---

19 『당척언』9권 참조.

면에서 본질적인 차이가 있었다. 그것은 과목의 수립, 통일적인 시험, 공정한 경쟁, 성적 우수자의 채용이었다. 이로 인해 과거는 갖가지 어려움을 극복하고 제국의 주요 인재 선발제도가 될 수 있었다.

그런데 과거는 한 가지 보조 정책이 필요했다.

그것은 수험생 자격의 인증이었다. 첫 번째는 생도生徒였는데, 그들은 교육기관인 국학國學, 주학州學, 현학縣學의 학생이었다. 각 기관에는 정원定員이 있었기 때문에 생도는 생원生員이라고도 불렸다. 관료가 정원이 있어 관원官員이라 불린 것과 마찬가지였다. 두 번째는 향공鄕貢이라 불렸는데 생도가 아닌 기타 지식인을 가리켰다. 일정한 정치적·신체적 조건에만 부합하면 주현州縣에 지원하고 주현의 추천을 받아 상서성의 시험에 참가할 수 있었다.

이로써 많은 이가 과거에 참여하는 것이 가능해졌다. 그리고 더 중요한 것은, 이 정책이 제국 정부가 최대한도로 문호를 개방해 가문과 신분이 더 이상 중요치 않게 되었음을 의미함으로써 서족지주 지식인들에게 크게 환영을 받은 것이었다. 동시에 이 정책은 지식인에게 자기 추천의 가능성이 생겼음을 의미하기도 했다. 그래서 과거를 '자거自舉'라고 부른 학자도 있다.[20]

자거는 역시 놀라운 발전이었다.

상서성 시험에 참가하는 생도와 향공은 당나라 때는 거인舉人 혹은 거자舉子라 불렸다. 정규적인 과거시험 같으면 그들은 그 전해 10월, 상

---

20 류허우빈, 「삼성 체제에서 중서문하 체제까지」 참조. 과거제도의 네 가지 본질적인 특징도 이 글에서 인용했다.

서성에 지원해 본인임을 확인받고 이듬해 정월, 시험에 참가했으며(시험 장소는 전기에는 상서성 도당이었고 후기에는 예부의 공원이었다) 방이 붙는 것은 대략 2월이었다.

물론 이것은 일반적인 경우일 뿐이었다.

그러면 과거에서는 어떤 시험을 실시했을까?

당나라 때는 과목이 나뉘어 있었다. 첫 번째는 수재秀才였는데 나라를 다스리는 방략책方略策을 물었고 성적은 글의 조리 있음을 따져 4등급으로 나눴다. 이것은 대단히 치기 힘든 과목이었다. 게다가 수재과를 친 거자가 전부 낙제하면 주의 장관은 처분을 면치 못했다. 결국 이 과목은 점차 지원자가 줄어 폐지됐으며 수재라는 말도 명청 때가 되어서는 생원의 대명사가 되었다.

치기 쉬운 과목은 명경明經이었고 수재보다는 쉽고 명경보다 어려운 과목이 진사進士였다. 진사는 수양제가 개설했는데 그 목적은 사족이 경학經學을 독점하는 한계를 타파하고 서족지주에게 문호를 활짝 열어주기 위해서였다. 그래서 학계에서는 종종 수양제의 진사과 개설을 과거제도의 시작으로 간주한다.[21]

이미 사실로 증명되었듯이 진사과의 설계는 옳았다. 명경과는 유가경전을, 진사과는 시무책時務策을 시험 문제로 냈다. 전자는 죽기 살기로 외우기만 하면 됐지만 후자는 진정한 재능과 견실한 학식이 다 요구되었다. 당시 "서른에 명경에 합격하면 늦은 것이고 쉰에 진사에 합격하

---

21 수양제가 진사과를 설치한 것은 대업 2년(606), 즉 그의 즉위 초다.

면 이른 것이다三十老明經, 五十少進士"라는 말이 있을 만도 했다.²²

그러나 당나라인은 진사과만 떼 지어 응시했다. 진사과의 시무책이 수재과의 방략책보다 시험 보기가 쉬웠기 때문이지만(시사를 완벽하게 이해하고 경전을 근거로 대책까지 제시할 필요는 없었다) 합격률은 겨우 1, 2퍼센트밖에 안 됐다. 그래도 진사 급제는 꽤 체면이 서는 일이었으므로 인기가 식을 날이 없었다.

더욱이 진사는 전도유망한 고급 관리 후보자였다. 물론 당나라의 제도에 따르면 예부의 시험에 통과해도 단지 급제일 뿐, 이부의 시험을 또 쳐야 했다. 이부의 시험에 합격해 '춘관春關'이라는 증명서를 받은 뒤에야 비로소 "능력과 자격이 검증된" 정식 관리가 될 수 있었다. 하지만 그는 머지않아 출세의 길을 걷게 돼 있었다.

그래서 급제한 진사는 만인에게 주목을 받았고 그들 자신도 득의양양했다. 금가루로 장식한 편지로 가족에게 기쁜 소식을 전했을 뿐만 아니라, 시험관에게 감사하고 재상을 찾아가 만났으며 헤아릴 수 없이 많은 각종 행사에 참석했다. 그중 가장 즐거운 행사는 '행원탐화杏園探花'였다. 당나라인은 행화, 즉 살구꽃을 과거의 상서로운 상징으로 여겼다. 그래서 살구꽃 핀 정원에서 연회를 열고 급제한 진사들 중 가장 젊고 잘생긴 두 명을 탐화랑探花郎으로 삼아 말을 타고 거리를 돌며 아름다운 꽃을 구해오게 했다. 탐화는 명청 때가 되어 과거시험의 1, 2등인 장원壯元, 방안榜眼 뒤의 3등을 가리키는 명칭이 되었다.²³

---

22 『당척언』1권 참조.

23 사실 당나라 때 '진사'라는 단어에는 두 가지 뜻이 있었다. 하나는 시험 과목이었고 다른 하나는 수험생 신분이었다. 당나라 때 주와 현의 추천을 받아 장안에 가서 상서성 시험에 참가하는 생원과 항공을 보통 진사라고 불렀다. 방이 붙었을 때 방에 이름이 올라간 사람은 급제진사 또는 신新진사라고 불렀으며, 또 이부의 최종 시험까지 합격한 사람은 전前진사(과거에 진사였고 이제는 관문을 다 통과했다는 뜻)라고 불렀다. 나중에 수재과가 폐지되고 명경과가 쇠퇴한 채 진사과만 잘나가게 되자, 진사에는 또 새로운 함의가 생겼다. 송나라 때는 보통 진사과 시험에 참가하는 사람을 진사라고 불렀

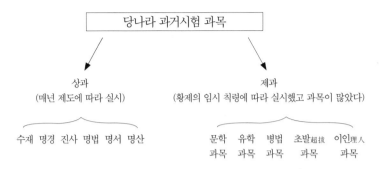

장안성의 유흥가도 당연히 그 새 귀인들에게 대문을 활짝 열어주었다(돈도 두 배로 받았다). 그래서 꾀꼬리가 노래 부르고 제비가 춤출 때 기생을 옆에 두고 술잔이 돌아가는 와중에 새로운 관료집단과 사회계층이 은연중에 탄생했다.

훗날 당나라의 시인 맹교孟郊가 시 두 구절로 이 모든 것을 개괄했다. "봄바람에 뜻을 얻어 세차게 말을 달리니, 하루 만에 장안의 꽃을 다 보았네春風得意馬蹄疾, 一日看盡長安花."[24]

낙제한 거자들은 속세의 덧없음을 깨닫거나, 재력이 부족한 이를 제외하고는 매년 계속 시험을 칠 수밖에 없었다. 그것은 그들 개인에게는 당연히 불행한 일이었지만 제국에는 아주 다행스러운 일이었다. 자칫 제국의 불안 요소가 될 수도 있었던 그 지식인들이 시험장에서 허송세

143

다. 전시殿試를 통과한 이들은 성적에 따라 진사 급제, 진사 출신, 동同 진사 출신, 이렇게 3등급으로 나눴다. 또 명청 때는 전시 합격자들을 3갑甲으로 나눴다. 1갑은 3명이었는데 진사 급제의 영예를 주었다. 그리고 1등은 장원, 2등은 방안, 3등은 탐화였다. 사실 방안은 원래 2명이었고 금방金榜(합격자 명단을 게시한 방으로 노란색 종이를 사용해 금방이라 했다)의 두 눈이라는 뜻이었다. 당나라 때 행원탐화의 탐화사도 원래 2명이었다가 나중에 1명이 늘어 3명이 되었다. 결국 명청 때에 가서 방안은 2등 1명으로 변했고 3등 1명을 속칭 탐화라고 했다.

24 맹교, 「등과후登科後」 참조.

월을 해야만 했기 때문이다. 이에 대해 조하趙嘏라는 당나라 시인은 다음과 같은 시구로 천기누설을 했다. "태종 황제는 실로 장구한 계책을 세워, 영웅을 얻어서 다 백발이 되게 했네太宗皇帝眞長策, 賺得英雄盡白頭."[25]

사실 당태종은 꼭 그렇게 하려는 의도는 없었을 것이다. 일설에 따르면 그는 언젠가 방이 나붙었을 때, 급제한 진사들이 한 명씩 방 밑을 지나가는 것을 보고 기뻐서 자기도 모르게 외쳤다고 한다.

"천하의 영웅들이 내 '구彀' 안으로 들어왔도다!"[26]

구는 함정이나 우리라는 뜻을 갖고 있다.

당태종은 당연히 의기양양했을 것이다. 천하의 영웅들뿐만 아니라 주변의 이민족들까지 거의 그의 구 안으로 들어왔기 때문이다.

예를 들어 서역西域도 그랬고 토번吐番도 그랬다.

25 조하, 「잔구殘句」 참조.
26 『당척언』 1권 참조.

제4장

혼혈 왕조

당나라 상류사회 사람들은 국제무역의 중심지였던 장안 서시에 들러 정신이 쏙 빠졌고
호인들이 세운 고급 살롱에서 호화와 사치를 즐겼다. 거기에는 감미로운 구자악과 맛좋은
포도주가 있었을 뿐만 아니라 꽃과 옥처럼 고운 이민족 미녀가 손님들의 시중을 들었다.

별종 제국

당선종唐宣宗 대중大中 연간에 이언승李彦升이라는 사람이 장안에서 과거시험을 보고 진사에 급제했다. 그때는 수양제가 진사과를 설치한 지 벌써 2세기가 다 된 시점이어서 사실 그것은 별로 특별한 일이 아니었다. 하지만 그런데도 아직까지 그 일이 언급되고 있는 것은 단지 이언승이 아랍(대식大食) 사람이었기 때문이다.

그것은 결코 이상한 일이 아니었다.

사실 수와 당은 모두 세계 제국이자 혼혈 왕조였다. 장안성 안의 거리에는 이민족 사람들이 득실거렸다. 예를 들어 현무문의 변에서 이세민을 적극적으로 도운 울지경덕은 우전국于闐國 왕족의 후예였다. 우전국은 지금의 신장新疆 위구르 자치구 허톈和田에 있었고 울지 가문은 틀림없이 한족화된 이민족이었을 것이다.

당나라를 발칵 뒤집어놓은 안녹산安祿山도 그랬다. 일설에 따르면 그는 중앙아시아 이슬람 민족의 혈통인 강국康國 사람으로서 원래 성이 강康이었다고 한다. 안씨 성은 양부였던 안파언安波偃의 성을 따른 것이었다. 그렇다면 그는 또 안국安國 사람이기도 했다.[1]

안국은 어디에 있었을까? 지금의 우즈베키스탄 부하라에 있었다. 강국은 또 어디에 있었을까? 역시 우즈베키스탄에 있었고 도읍은 지금의 사마르칸트에 있었다. 일설에 따르면 그 두 나라의 국왕은 원래 같은 민족으로서 소그드인이었다고 한다. 하지만 안녹산의 세대에 이르러서는 이미 혈통의 순수성이 사라진 듯하고, 더구나 그의 어머니는 돌궐인이었다. 그래서 『구당서』에서는 아예 그를 가리켜 '잡종 오랑캐雜種胡人'라고 했다.[2]

사실 종족에 대한 이런 편견은 무의미했다. 양씨의 수나라, 이씨의 당나라 그리고 수나라 이전, 우문씨의 북주조차 모두 혼혈이었기 때문이다. 또한 그 세 왕조의 황제들은 서로 혈연관계가 있었는데, 더군다나 모두 한 이민족 남자와 관련이 있었다.

그 남자의 이름은 독고신獨孤信이었다.

독고신은 역사상 가장 딸을 잘 시집보낸 인물이었다. 그의 큰딸은 우문태의 아들인 북주 명제明帝 우문육宇文毓에게 시집을 갔고 넷째 딸은 당고조 이연의 부친 이병李昞에게 시집을 갔으며 일곱째 딸은 수문제 양견에게 시집을 갔다. 세 왕조가 모두 그의 사위들 것이었으니 이런 장인은 역사적으로 전무후무했다.

---

1 이언숭, 위지경덕, 안녹산의 민족 문제에 관해서는 샹다向達, 『당대 장안과 서역 문명唐代長安與西域文明』 참조.

2 강국과 안국에 대해서는 『위서』와 『수서』의 「서역전」에 모두 기록이 있다. 『수서』 「서역전」에서는 따로 안국의 국왕이 성이 소昭이고 씨가 무武였으며 강국의 국왕과 동족이었다고 서술했다. 하지만 안녹산의 양부가 안국 왕족의 후예였는지는 확실하지 않다. 역시 샹다, 『당대 장안과 서역 문명』 참조.

그런데 독고신이 어느 민족이었는지는 수수께끼로 남아 있다. 누구는 그가 흉노였다고 하고 누구는 그가 선비였다고 하며 또 어떤 학자는 그가 돌궐이라고 한다. 유일하게 밝혀진 것은 그의 가문이 북위와 같은 시기에 흥성했고 선조가 북방 유목민족의 추장인 복류둔伏留屯이었다는 것뿐이다. 독고신 본인은 우문씨 집단의 우두머리였다.[3]

이민족이거나 혼혈이었던 독고신은 잘생기고 대범해서 군에서는 그의 성에 젊은 미남이라는 뜻의 '낭郎'을 덧붙여 '독고랑'이라고 불렀다. 옛날에 손책과 주유가 손랑, 주랑이라고 불린 것과 마찬가지였다. 언젠가 독고신이 사냥을 마치고 말을 달려 성으로 돌아왔는데 바람 때문에 자기도 모르게 모자가 비뚤어져 있었다고 한다. 그런데 이튿날이 돼서 보니 온 성의 남자들이 그처럼 모자를 비뚜로 쓰고 있었다.[4]

그는 북주의 주유였다.

독고신의 다면체 매정조인煤精組印
산시陝西성 쉰양旬陽에서 출토. 14개 정방형 면에 대사마, 대도독大都督, 자사刺史, 주국柱國 등의 인장이 해서楷書 음문陰文으로 새겨져 있어 그의 권세가 어느 정도였는지 알 수 있다. 이 인장은 현재 산시성 역사박물관에 소장되어 있다.

---

3 예컨대 데니스 트위칫, 『케임브리지 중국사-수당편』에서는 독고신의 가문이 한족화된 흉노 씨족이었다고 하고, 판수즈의 『국사 16강國史十六講』에서는 그 가문이 돌궐의 호족이었다고 한다. 하지만 일반적으로는 선비였다는 주장이 많다. 그 내력은 『주서』「독고신전」에 간단히 소개되어 있다.
4 『주서』「독고신전」 참조.

장수의 가문에서 호랑이 같은 딸이 나오는 법이니, 독고신의 딸들도 만만치 않았다. 특히 양견의 독고 황후는 자기가 낳은 다섯 아들 외에 남편이 다른 여자에게서 자식을 못 낳게 했다. 이는 그녀가 14세에 시집을 왔을 때, 양견이 그렇게 하겠다고 약속했기 때문이었다. 그 후로 독고 황후는 일부일처 관념의 수호자가 되었으며 남편과 관계를 가진 여자를 서슴없이 죽이기도 했다.

그 일은 독고 황후가 50세가 다 되었을 때 일어났다. 당시 황제 폐하의 심정이 어떠했을지는 능히 짐작할 수 있다. 정사의 기록에 따르면 수문제는 비분에 가득 차 홀로 말을 타고 궁정을 빠져나가 무작정 20여 리나 산길을 달렸다고 한다. 이에 놀란 재상 고경과 양소가 쫓아가서 말을 막고 애걸복걸하고 나서야 그는 궁으로 돌아갔다. 당시 그는 이런 명언을 남겼다고 한다.

"짐은 존귀한 천자인데도 자유를 얻지 못했다!"[5]

사람이 세상을 살면서 자기 마음대로 할 수 있는 일이 별로 없으니, 황제도 예외가 아니었다.

사실 독고 황후는 수문제의 현명한 내조자였다. 그녀 본인은 정무 능력이 뛰어나 양견의 잘못된 정책 결정을 적잖이 바로잡곤 했지만, 자기 가문이 대권을 장악하는 것은 절대로 허락하지 않았고 그들을 위해 사적인 이익을 도모하거나 법을 넘어서는 은혜를 베풀지도 않았다. 한번은 수문제가 죽을죄를 지은 그녀의 외가 친척을 용서해주려고 했

5 『수서』 「문헌독고황후전文獻獨孤皇后傳」, 『자치통감』 178권 참조.

는데 그녀는 딱 잘라 거절했다.

"국가의 일인데 어찌 사적인 관계를 고려하겠습니까?"

이 일로 친척들의 불만을 샀는지, 또 다른 외가 친척이 무술巫術을 이용해 그녀에게 저주를 걸려 했다. 그 일이 터진 뒤, 독고 황후는 사흘간 단식을 하고 황제에게 간청했다.

"그자가 저주로 해치려던 사람이 백성이었다면 당연히 만 번 죽어 마땅합니다. 그게 아니고 단지 첩이었으니 빠져나갈 길을 열어주십시오, 폐하."[6]

이처럼 독고 황후는 빼어난 여걸이었다.

그리고 우리는 이 독고 황후가 당고조 이연의 친이모였다는 것도 잊지 말아야 한다. 이밖에 당고조의 두竇 황후와 당태조의 장손 황후도 모두 선비족이었다. 장손 황후의 조상은 성이 척발이었는데 종실의 수장을 맡아 성을 장손으로 바꾸었으며 두 황후의 숙부는 그 유명한 북주 무제 우문옹宇文邕이었다. 이렇게 수당 양대의 황족은 일찍감치 대대로 피가 섞여 이민족인지 한족인지 구분하기 힘들었다.[7]

아마도 이런 원인으로 인해 수당은 별종이 되었을 것이다.

우리는 중국 제국이 주로 세 가지 범주로 나뉜다는 것을 알고 있다. 첫 번째 범주는 진나라, 한나라, 송나라, 명나라처럼 화하華夏민족이 세운 것이다. 비록 송나라인과 명나라인은 이미 순수한 한족은 아니었지만, 또 양한 사람들도 진즉에 피가 섞이긴 했지만, 그래도 문화심리 면

---

6 『수서』 「문헌독고황후전」 참조.
7 『구당서』 「고조태목황후두씨전高祖太穆皇后竇氏傳」 「태종문덕황후장손씨전太宗文德皇后長孫氏傳」 참조.

에서 자신들의 정체성을 갖고 스스로 화하이며 한족이라 생각했다.

이 범주를 '화하 왕조'라고 불러도 무방할 것이다.

그 밖의 두 범주는 다른 민족이 세운 제국인데, 그중 하나는 침투 왕조Dynasties of Infiltration이고 다른 하나는 정복 왕조Dynasties of Conquest 다. 전자는 오호와 북위이고 후자는 원나라와 청나라다. 침투에서 정복으로 바뀐 것은 중국 역사상 중요한 변화였다.[8]

수당은 소수민족으로서 화하에 침투한 것이 아니었고 정복자로서 중원의 통치자가 된 것도 아니었다. 그들의 통치자가 혼혈아였는데도 역시 화하의 정통임을 자처했다. 당나라의 천자는 더욱이 이중의 신분을 소유했다. 대내적으로는 당의 황제, 대외적으로는 천카간으로서 주변 민족들에 대해 개방적이고 다원적인 태도를 보였다.

이것은 아마도 혼혈 왕조Dynasties of Hybrid라고 부를 수밖에 없을 듯하다.[9]

중국 민족에게 혼혈 왕조의 수립은 의미가 컸다. 우리는 화하민족의 전통 관념이 역대로 "우리 민족이 아니면 그 마음도 필히 다르다非我族類, 其心必異"였음을 알고 있다. 그러나 피가 섞인 뒤로는 도대체 누가 "우리 민족이 아닌지"도 모호해졌고 원래 이민족 혈통을 가진 당나라 왕조는 더더욱 그런 구분에 연연하지 않았다. 게다가 당태종은 포부가 크고 도량이 넓어 새로운 민족정책이 정관 연간에 탄생했다.

정책은 새로웠지만 수단은 옛것이었다. 즉, 은혜와 위험을 병행했다. **152**

8 침투 왕조와 정복 왕조는 미국의 독일계 사학자 카를 비트포겔과 중국 학자 펑자성馮家升의 공저, 『중국 사회사: 요나라』의 서언에서 제기된 개념으로 서양과 일본에서 영향력이 상당하다.

9 혼혈 왕조는 이 책에서 고안한 개념이며 어떤 사학자는 이를 '이원二元 제국'이라 부르기도 한다. 레이하이쭝雷海宗, 『국사강요國史綱要』 참조.

단지 한무제는 무력에 호소하는 것을 더 선호했지만 당태종은 가능한 한 은혜를 베풀었다. 예컨대 공주와 종실의 여성을 이민족에게 시집보내고, 변경의 무역을 개방하고, 이민족의 추장을 조정으로 불러 직책을 맡기고, 이민족의 자제들이 장안으로 유학을 오도록 장려했다. 그리고 이민족 사람들이 임명, 상벌, 복지 등에서 당나라의 백성과 똑같은 대우를 받게 했다.

하지만 가장 중요한 것은 기미羈縻 정책이었다.

기미가 무엇일까? 기는 말의 굴레이고 미는 소의 고삐인데 이민족에 대한 기미 정책은 사실 연날리기와 비슷했다. 느슨하게 풀어주는 것 같아도 통제의 끈은 놓지 않았다. 구체적인 방법은 이랬다. 우선 당나라에 귀속된 변경의 소수민족 지역에 지방행정단위를 개설했다. 큰 것은 도독부都督府, 중간 것은 주州, 작은 것은 현縣이었고 각기 기미부, 기미주, 기미현이라 불렀으며 약칭은 기미주였다. 부의 도독과 주의 자사는 현지의 카간과 추장에게 맡겼다.[10]

하지만 제국의 임명을 받은 추장은 반드시 카간이라는 칭호를 포기해야 했고 기미주 위에는 또 한족이 장관을 맡는 도호부都護府를 만들어 제국 중앙정부를 대표해 주권을 행사하게 했다. 이것은 주변의 크고 작은 칸국과 부락을 죄다 당나라의 군현으로 만드는 것과 마찬가지였는데, 산적 두목 같은 이민족 수령들이 과연 그것을 원했을까?

153　　원했다. 그 정책이 동돌궐 패전 후에 대규모로 실행되었기 때문이다.

---

10 기미 정책은 일종의 통치 방식으로서 그 효시는 진혜왕秦惠王이 파국巴國을 멸한 뒤, 파씨를 계속 그곳 이민족의 군주로 삼은 일로 거슬러 올라간다. 하지만 그것이 제도가 된 것은 당나라 때였다. 가장 이르게는 정관 3년, 남만南蠻 동사족東謝族 추장을 응주자사應州刺史로, 남사족南謝族 추장을 장주자사莊州刺史로 삼았다. 하지만 본격적인 시작은 정관 4년, 패전한 동돌궐을 위해 기미부주를 설치한 것이었다.

게다가 일반 주현과 달리 기미주의 장관은 세습이 가능했다. 그들은 원래 부락민이었던 이들을 계속 통치했고 거둬들인 세금도 원칙적으로는 알아서 처리했으며 생활 습관과 종교 신앙도 과거와 동일했다. 당나라는 그들의 안전까지 책임지고 보장해주었다. 이것은 패전국과 속국의 입장에서는 일종의 개명 전제주의였다.[11]

개명 전제가 폭정보다 나았고 기미 정책은 크게 성공했다. 이에 대해 당태종은 매우 만족했다. 정관 21년(647) 5월, 그는 취미전翠微殿에서 담화를 발표했는데 그 내용 중 하나는 다음과 같았다.

"중화를 귀하게 여기고 이적夷狄을 천하게 여긴 유래가 이미 오래됐지만 오직 짐이 둘을 하나처럼 사랑해 각 민족 백성이 다 짐을 부모처럼 여긴다."[12]

이것은 당태종의 자화자찬만은 아니었다. 진심으로 기쁘게 그를 '중화와 이적의 부모'라고 칭한 사람이 정말로 많았다. 어쨌든 이세민의 할머니와 어머니와 아내는 다 한족이 아니었으므로 그가 "둘을 하나처럼 사랑했다"는 것은 꼭 가식과 정치적 모략만은 아니었다. 비록 화기애애한 분위기 뒤에 깊숙이 도검의 그림자가 숨어 있기는 했지만.[13]

하지만 민족 단결의 국면이 어쨌든 조성되었고 문화 교류의 통로도 이미 열렸기 때문에 이제 다채롭고 포용적인 당나라의 면모가 잇달아 드러날 차례였다.

그러면 먼저 서북 지역을 보기로 하자.

---

11 통계에 따르면 당나라 때 설치된 기미주는 856개에 달해서 겨우 358개였던 보통 주의 숫자를 훨씬 상회했다. 이를 통해 이 정책의 중요성을 엿볼 수 있다. 게가사와 야스노리, 『빛나는 세계 제국: 수당시대』 참조.

12 『자치통감』 198권 참조.

13 당태종을 '중화와 이적의 부모華夷父母'라고 부른 이는 철륵부鐵勒部의 한 추장이었다. 『자치통감』 193권 참조.

서역의 정취

중국의 광활한 서북 지역에는 세 개의 산맥이 있다. 남쪽에는 쿤룬崑崙산맥이, 북쪽에는 알타이산맥이 있고 두 산맥 사이에 길게 누운 톈산天山산맥은 신장 위구르 자치구를 자연적으로 남강南疆, 북강北疆, 동강東疆으로 나눴다. 그 지역들은 고대에는 모두 서역이라 불렸다.[14]

서역은 원래 광범위한 개념이었다. 대략 양관陽關(지금의 간쑤성 둔황敦煌)과 옥문관玉門關(지금의 간쑤성 위먼玉門) 서쪽이 다 서역이었고 가장 멀리는 이란고원, 가장 가까이는 총령葱嶺(파미르고원)이 그 끝이었다. 이 책에서 말하는 서역은 주로 협의의 서역, 즉 총령 동쪽의 당나라 서북 영토를 가리킨다.[15]

그곳은 아름다운 지역이었다.

확실히 서역은 자연환경이 유난히 좋았다. 기후 변화가 있기 전에는 더욱 그랬다. 천산 북쪽에는 광활한 목장이 있었고 남쪽에는 비옥한

155

---

14 남강, 북강, 동강은 행정구역이 아니라 습관적인 명칭이었다. 대체로 천산 남쪽이 남강, 북쪽이 북강, 동쪽의 하미와 투르판 지역이 동강이었다.

15 협의의 서역 개념은 『한서漢書』 「서역전서西域傳序」에 자세히 나와 있다. "서역은 효무제孝武帝 때부터 통하기 시작했고 원래 36개 나라였는데 나중에 50여 개로 나뉘었다. 모두 흉노의 서쪽, 오손烏孫의 남쪽에 있다. 남쪽과 북쪽에는 큰 산이 있고 중앙에는 강이 있으며 동서로 6000여 리, 남북으로 1000여 리다. 동쪽으로 한나라와 접해 있으며 동쪽 끝은 옥문과 양관, 서쪽 끝은 총령이다."

녹지가 있었으며 산은 온통 원시림에 뒤덮여 있었다. 또 중가르 분지에 는 사막이 지나갔고 타림 분지는 빙하가 차가웠으며 투르판 분지는 경 치가 빼어났다. 그곳은 각 민족 사람들이 저마다 번성하며 살아온 고 향이었다.

호선무석각묘문胡旋舞石刻墓門
닝샤寧夏 옌츠鹽池 쑤부징향蘇步井鄕 인쯔량窨子梁의 당나라 묘에서 출토되었다.
문은 모두 장방형인데 출토 당시 자물쇠로 잠겨 있었으며
석문마다 한가운데에 호선무를 추는 남자가 얕게 새겨져 있다.

서역에는 틀림없이 수많은 민족이 살았으며 그들이 쓰는 언어는 더욱 다채로웠다. 알타이어족인 돌궐어도 있었고 인도유럽어족인 이란어, 인도어, 스키타이어, 소그드어, 토하라어도 있었다. 당시 뾰족한 모자를 쓰고 이란어로 말하던 사카인saka이 일리강변을 지날 때 어떤 모습이었을지, 또한 가장 먼저 중원의 양잠 기술을 얻은 우전인들이 남강의 녹지에 나라를 세웠을 때 어떤 광경이었을지 상상하기 어렵지 않다.

서역은 다양한 분위기를 가진 땅이었다.

다양한 분위기를 가진 서역인들은 찬란한 문화를 창조했으며 세계를 향한 드넓은 심경을 표현했다. 그곳에서는 산스크리트어 경전이 갠지스강 유역에서처럼 숭배를 받았고 알렉산더대왕 시대의 초상화법이 부활했으며 그리스와 인도의 영향을 받은 조소와 벽화에는 짙은 이국 정서가 넘쳤다. 그리고 페르시아 혹은 로마 스타일의 공예품이 햇빛 아래 눈부시게 빛을 발했다.[16]

그 모든 것은 전부 호선무胡旋舞(바람개비처럼 회전하는 몸동작의 춤으로 서역에서 전래되어 당나라 궁정 무용이 되었다), 포도주, 유리잔과 함께 중국에 들어왔다. 물론 실크로드에서 끊이지 않고 맑게 울리던 낙타 방울을 뒤따라왔다.[17]

그렇다. 서역은 동서 문화의 합류점이었다.

미녀가 많은 곳에는 영웅이 앞다퉈 모여들게 마련이다. 특히 투르판 분지에 위치해 서역의 문호로 변한 고창국高昌國은 두말할 여지 없이

16 선푸웨이沈福偉의 『중서문화 교류사』, 르네 그루세의 『중국의 문명』 참조.
17 유리 제품은 아주 일찍부터 해로와 육로를 통해 중국에 전해졌다. 그런데 그 일부는 틀림없이 실크로드를 통해 전해졌을 것이다. 당나라 시인 왕한王翰이 "좋은 포도주가 야광 잔에 담겼네葡萄美酒夜光杯"라고 읊은 것이 그 증거다. 선푸웨이, 『중서문화 교류사』 참조.

당나라와 서돌궐의 쟁탈 대상이 되었다. 그 땅을 통제하면 곧 실크로드를 통제하게 된다는 것을 모르는 사람은 없었다. 이 점을 알고 나면 당시 고창왕이 왜 스스로를 보물로 간주했는지 이해하기 어렵지 않다.

사실 그는 전혀 다른 선택을 할 수도 있었다.

고창국은 차사전국車師前國의 옛 땅에 세워졌고 국왕은 틀림없이 이 민족에 동화된 한족이었으며 동시에 불교도였다. 629년, 현장玄奘법사는 서천으로 불경을 가지러 가다가 고창국을 지났고 국왕에게 융숭한 대접을 받았다. 그리고 그 이듬해, 다시 말해 당태종이 천카간이 된 그해에 그 국왕은 당나라에 귀순했다.[18]

이 일을 서돌궐은 당연히 좌시하지 않았으며 여러 차례 고창왕에게 호의의 메시지를 보냈다. 고창왕은 서돌궐의 친근한 미소만 보고 어리석게도 자신이 대단한 줄 알았다. 그래서 서돌궐만 믿고 당나라에 대해 태도를 싹 바꿨다.

사실 두 강국 사이에 낀 소국으로서 고창국은 자신을 보전할 방법을 강구해야 했다. 가장 옳은 방법은 역시 당나라와 서돌궐 모두와 우호적인 관계를 유지하는 것이었다. 만약 조금 더 똑똑했다면 실크로드에서 어부지리를 취하는 중간상이나, 심지어 두 강국의 분쟁을 화해시키는 평화 사절이 됐어도 괜찮았다.

하지만 안타깝게도 고창왕은 이익에 눈이 어두워졌다. 서돌궐 쪽으로 완전히 돌아섰을 뿐만 아니라 길을 막고 노략질까지 했다. 장안으

---

18 고창은 원래 군사기지였다. 서한 선제 때 차사전부車師前部에 둔전屯田을 했고 십육국시대에는 군郡을 세웠다. 그리고 460년, 유연이 감백주闞伯周를 고창왕으로 세운 것이 고창국의 시작이었다. 그 후로 감씨, 장씨張氏, 마씨, 국씨麴氏 4대 정권을 거쳤고 당태종 당시의 국왕은 국문태麴文泰였다. 국문태와 현장법사의 이야기는 『대당대자은사삼장법사전大唐大慈恩寺三藏法師傳』에 나오며 그가 정관 4년 2월 당나라에 귀순한 일은 『자치통감』 193권에 나온다.

로 가던 서역 각국의 사절들은 그에게 억류당했고 당나라에 귀속된 이
오伊吾(지금의 신장 위구르 자치구 하미哈密)도 그에게 위협을 당했다. 보아하
니 그는 현장법사에게 한 달이나 경건하게 불경 강의를 들었는데도 깨
달음을 얻지 못한 듯하다.

당태종은 당연히 용납하지 않았다. 정관 13년(639), 그는 대신들의
반대를 무릅쓰고 대군을 파견해 고창국을 토벌하게 했다. 그 소식을
듣고 고창왕은 코웃음을 쳤다. 장안에서 고창국까지는 단지 거리만 먼
게 아니라 온갖 험난한 고비를 넘어야 했기 때문이다. 그중 2000리의
사막 지역만 해도 당나라군이 뒷걸음질 치게 하기에 충분했다.

적어도 지칠 대로 지친 적을 맞이해 손쉽게 이길 수 있을 거라고 고
창왕은 생각했다.

하지만 불행히도 그의 계산은 틀렸다. 이듬해, 한족 그리고 동돌궐과
철륵부의 부족으로 혼합 편성된 당나라군이 들이닥쳐, 미처 방비가 안
돼 있던 고창왕은 혼비백산해 목숨을 잃었다. 고창국과 존망을 함께하
리라 맹세했던 서돌궐의 지원군은 그 소식을 듣자마자 간담이 서늘해
져 야반도주를 했다. 그때의 상황은 당시 어느 민요의 내용과 같았다.
"고창의 병마는 눈서리와 같았고, 한나라의 병마는 해와 달과 같았네.
해와 달이 눈서리를 비추자, 금세 스스로 사라져버렸네."

고창국은 망할 수밖에 없었다.

일설에 따르면 당나라군이 성 아래 도착했을 때, 막 왕위를 이은 새

고창왕은 원래 더 겨뤄볼 생각이 있었다고 한다. 이윽고 그 젊은 왕은 직접 당나라 군영에 찾아가, 당나라의 미움을 산 것은 선왕의 일일 뿐이라고 주장하며 불손한 태도로 살길을 열어달라고 했다. 그러자 당나라군의 한 장수가 탁자를 치고 일어섰다.

"이 조무래기와 잡담은 그만하고 성이나 함락합시다!"

젊은 국왕은 놀라서 땀을 비 오듯이 흘리며 땅바닥에 엎드렸다. 이후 그 '조무래기'는 포로가 되어 장안으로 끌려가서 당태종의 발치에 바쳐졌다. 보석이 박힌 그의 칼은 원정에 참가한 동돌궐 장수 아사나사이阿史那社爾에게 하사되었다. 승전한 뒤, 패전 지역에서 추호도 범죄를 저지르지 않은 것에 대한 상이었다.

그 후, 위징의 반대에도 불구하고 당태종은 멸망한 고창국을 당나라의 한 주로 바꾸었다. 그 이름은 서주西州였다. 서돌궐의 수중에서 빼앗은 부도성浮圖城(지금의 신장 위구르 자치구 지무사얼吉木薩爾)도 똑같이 정주庭州로 바뀌다. 서역을 관할하는 안서도호부安西都護府는 차사전국의 옛 교하성交河城에 세웠다.[19]

첫 전투에서 승리한 당나라는 고삐를 늦추지 않았다.

정관 18년(644), 고창 서쪽의 언기焉耆가 멸망했다. 언기는 보스턴 호수 서북쪽 기슭에 있었고 도읍은 지금의 신장 옌치焉耆 회족回族 자치현이었다. 그들은 원래 고창과 숙적이었지만 고창이 망한 뒤, 서돌궐 쪽으로 기울었다. 당시 서돌궐의 외교력이 뛰어났고 당나라의 군사력에 그

---

19 위의 내용은 『신당서』 『구당서』의 「고창전」 「후군집전侯君集傳」 「아사나사이전」과 『자치통감』 195권 참조.

들이 겁을 먹었던 것으로 보인다.

언기의 배신은 당나라에 토벌의 빌미를 제공했으며 향후 사태의 변화는 완전히 당태종의 계획 아래 있었다. 일설에 따르면 당태종은 심지어 언기가 멸망할 날짜까지 정확히 예측했다고 한다. 정사의 기록에 따르면 그가 시종에게 자신의 그 예측을 밝혔을 때, 전방의 첩보가 딱 맞춰 도착했다고 한다.[20]

다음 목표는 구자龜玆였다.

구자는 도읍이 지금의 신장 위구르 자치구 쿠처庫車에 있었고 실크로드에서 가장 매력적인 녹지였다. 우리는 세 가지 예만 접해도 이 오래된 문명국의 비범함을 알 수 있다. 구자의 악무樂舞(음악 반주가 있는 춤)는 둔황 천불동의 불교 석굴에 비견될 만큼 천하를 풍미했고 현장만큼 유명했던 불경 번역가 쿠마라지바는 원래 구자에서 활동했다. 이밖에 구자는 또 고대 인도유럽어가 아시아에서 가장 멀리까지 분포한 지점을 알려주는 지명이기도 하다.

북아시아 전체를 통제하기로 결심한 당태종이 구자를 가만 놔둘 리가 없었다.

총사령관을 맡은 인물은 바로 동돌궐의 왕자 아사나사이였고 조력자는 철륵부의 장수 계필하력契苾何力, 안서도호 곽효각郭孝恪 등이었다. 그들이 도착하자 구자국의 왕은 대경실색했다. 이치대로라면 그들은 동남쪽에서 왔어야 했는데 천만뜻밖에도 서북쪽에서 천산을 넘어왔

---

20 『신당서』 「언기전」 참조.

기 때문이었다.[21]

그 후의 이야기는 그리 놀랄 만한 게 없다. 용감하고 전투에 능한 구자의 병사들은 패주하는 척하는 당나라군에 의해 사막으로 유인되어 일거에 섬멸되었고, 왕성王城과 국왕이 도망쳐 사수한 발환성撥換城(지금의 신장 위구르 자치구 아커쑤阿克蘇)도 차례로 격파되어 구자왕은 포로가 되었다. 그때의 장관이 나중에 쿠처커쯔얼庫車克孜爾 석굴 벽화에 생생히 묘사되었다고 한다.[22]

오래된 문명국가 하나가 그렇게 막을 내렸다.

구자의 멸망은 서역 전체를 뒤흔들었다. 그 결과, 태종은 병졸 하나 잃지 않고 구자만한 면적의 두 왕국인 우전과 소륵疏勒(지금의 신장 위구르 자치구 카스喀什)을 얻었다. 그들이 거의 자청해 귀순해온 것이다. 승리의 성과를 공고히 하기 위해 제국은 구자, 소륵, 우전, 쇄엽碎葉(지금의 키르기스스탄 톡모크) 네 개 군구軍區를 설치했고 합쳐서 '안서사진安西四鎭'이라 불렀다.

657년, 당고종 현경顯慶 2년에 대장 소정방蘇定方이 원정군을 이끌고 서돌궐을 향해 총공격을 개시했다. 그 강력한 공세 앞에 서돌궐은 속절없이 무너지고 말았다. 그들의 카간은 석국石國(도읍이 지금의 우즈베키스탄 타슈켄트에 있었다)으로 도망쳤지만 석국인들에게 붙잡혀 당나라군에 인도되었다. 그 후로 서돌궐은 구심점을 잃고 뿔뿔이 흩어져 당현종 천보天寶 원년(742)에 완전히 멸망했다.

21　당나라군 지휘관의 명단은 『신당서』 「구자전」을, 이동 노선은 『구당서』 「구자전」 참조. 현재 쿠처 현과 두산쯔獨山子 사이에는 두쿠獨庫 국도가 놓여 있는데, 옛날 당나라군은 이 노선을 따라 천산을 넘었을 가능성이 크다.
22　『구당서』 「구자전」과 르네 그루세의 『중국의 문명』 참조.

바로 그해에 당나라는 번영의 정점에 이르렀다.

현장법사는 언기가 망한 이듬해에 귀국했다. 고창왕과 다시 만나자고 한 약속을 지키려고 그는 빠른 바닷길을 포기하고 왔던 길을 택했지만 도중에 고창국이 망했다는 소식을 들었다. 자비심을 마음에 품고서 법사는 눈물을 닦고 멀리 하늘을 향해 절을 한 뒤, 곧장 우전에서 장안으로 돌아갔다.

토번의 부상

고창이 망하고 그 이듬해에 문성文成공주가 청장青藏고원(지금의 티베트고원)에 들어갔다.

청장고원은 평균 해발고도가 4000미터 이상인 세계의 지붕이며 세상 사람의 눈이 닿지 않는 신비한 세계다. 그곳에는 히말라야가 우뚝 솟아 있고 브라마푸트라강이 쉬지 않고 흐르고 있으며 남초納木錯호수와 암드록초羊卓雍錯호수가 맑은 물을 자랑한다. 언젠가 카르장꽃格桑花이 온 산에 가득 피었을 때, 한 민족과 왕조가 야룽강雅礱河 골짜기에서 발흥했다.[23]

그들의 이름은 토번이었다.[24]

토번 왕조는 대략 당나라와 같은 시기에 건립되었다. 7세기 초, 왕조의 건립자는 무력으로 고대 강족羌族의 소비蘇毗(지금의 티베트 북부와 청하이성青海省 서남부에 있었다)와 양동羊同(상웅象雄이라고도 하며 지금의 티베트 북

164

---

23 카르장꽃이 구체적으로 어떤 식물인지에 대해 광범위하게 논쟁이 있어왔다. 티베트어에서 카르장은 아름다운 세월 또는 행복이라는 뜻이다. 티베트인은 오랫동안 이 카르장꽃에 행복과 행운에 대한 기대를 담았다. 그리고 야룽강은 진사강金沙江의 최대 지류로서 티베트어로는 물고기가 많은 물이라는 뜻이다. 일설에 따르면 토번 왕조의 전신인 부락연맹체 시부예悉補野가 야룽강 계곡 지대에서 발생했다고 한다.

24 토번의 이름에 대해서는 여러 견해가 있다. 일반적으로 번蕃은 티베트어 'bod'의 음역으로 고대 티베트족이 자신들을 일컫던 칭호라고 알려져 있다. 그 내력을 보면, 당시 야룽강 계곡 지역이 고원

부에 있었다)의 여러 부락을 정복하고 도읍을 라싸로 옮겼다. 이로써 한 신기한 왕국이 눈 덮인 고원에 우뚝 솟았다.[25]

도읍을 옮긴 사람은 손챈감포松贊干布였다.

손챈감포의 신분은 찬보贊普, 즉 토번왕이었다. 토번어에서 찬은 강하다, 보는 사나이, 감포는 속이 깊다는 뜻이었다. 그리고 손챈은 그의 이름이었다. 그래서 '손챈감포 찬보'라는 전체 명칭을 번역하면 "속 깊은 손챈, 강한 사나이, 토번 백성의 왕"이었다.[26]

이 사람은 토번 역사의 진정한 창조자였다. 사실 그가 나타나기 전까지는 이 민족의 존재조차 아는 사람이 드물었다. 사나운 돌궐, 우아한 구자, 가까운 고구려, 멀리 있는 페르시아는 각기 중국인의 주의를 끈 적이 있었다. 하지만 토번은? 미안하지만 금시초문이었다.

그런데 손챈감포가 금세 세상 사람의 관심을 불러일으켰다.

사건은 구혼에서 시작되었다. 우리는 한고조 때부터 중국 제국에 '화친和親'의 전통이 있었다는 것을 알고 있다. 당태종은 즉위 후 이 정책을 더 확대하여 이민족 추장들에게 부지기수로 공주와 종실 여자들을 시집보냈다. 그 용감한 돌궐 왕자 아사나사이도 이세민의 여동생을 아내로 맞았다. 이 일을 전해 듣고 손챈감포는 자기도 그런 영예를 누려야 한다고 생각했다.

하지만 불행히도 당태종은 토번의 전투력과 침략성을 과소평가했다. **165** 경솔하게도 손챈감포의 청을 거절했을 뿐만 아니라 손챈감포의 사자에

농업의 중심으로서 번역蕃域이라고 불렸으며 그것은 탁卓(bro, 유목 지역)과 상대되는 명칭이었다고 한다. 또 어떤 사람은 번이 본本(bon, 티베트의 원시 종교)의 음이 바뀐 것이라고 주장한다. 토吐의 뜻도 크다, 산 남쪽, 위쪽 등 여러 해석이 있다.

25 『중국대백과전서(제1판)·민족권』 참조. 양동은 티베트어 'zhang zhung'의 음역이다. 뤄광우羅廣武, 『두 『당서』의 토번전 역주兩唐書吐番傳譯註』 참조.

26 『신당서』 「토번전」과 왕중王忠, 「신당서 토번전 주해新唐書吐番傳箋證」 참조.

게 냉대를 당했다는 인상을 주었다. 손챈감포는 당나라에 본때를 보여 주기로 마음먹었다. 다만 그의 창끝은 토욕혼吐谷渾에게 겨눠졌다.

그 일은 의미심장했다.

토욕혼은 선비족 모용부慕容部의 나라로 지금의 칭하이와 간쑤 남부 그리고 쓰촨 북부 일대에 있었으며 서진 시대에 세워졌다. 토욕혼이 세워진 뒤, 중국은 끝없는 전란에 휩싸였다. 하지만 이 왕국은 폭풍의 중심에서 멀리 떨어진 채 여러 강대한 세력의 틈바구니에서 용케도 당나라 정관 연간까지 살아남았다.

그러면 손챈감포는 왜 토욕혼을 치려 했을까?

표면적으로는 토번 사자의 말 때문이었다. 그 사자는 라싸로 돌아가 손챈감포에게 눈물로 호소했다.

"당나라는 원래 신 등을 융숭히 대접했습니다. 그런데 토욕혼의 사절단이 도착하자마자 대접이 바뀌었고 승낙했던 혼사도 허사가 되었습니다."

하지만 일이 그렇게 단순했을까?

당연히 그렇지 않았다.

시간표를 보면 금세 알 수 있다. 토번이 토욕혼을 향해 출병한 것은 정관 11년 또는 12년이었다. 그리고 그 전인 정관 9년(635), 당나라는 이미 전쟁을 통해 토욕혼을 기미 정책의 허수아비로 만들어놓은 상태였다. 따라서 토번의 그 출병은 만만한 상대를 치려는 것이면서 개를

때려 그 주인에게 보여주기 위한 것이었다.

더 중요한 것은 차이다무柴達木 분지에서 서역으로 통하는 주요 교통로가 토욕혼 안에 있어서 당나라조차 오래 군침을 흘려왔다는 사실이다. 더군다나 토욕혼에는 같은 토번인이 많이 살았다. 그래서 토번은 언젠가 손을 쓸 참이었다. 그들이 결국 663년에 토욕혼을 멸한 것이 그 증거다. 이번에는 그저 시험 삼아 나섰을 뿐이었다.

그렇게 일석삼조의 효과를 노린 것을 보면 손챈감포는 확실히 속이 깊은 인물이었다.

진즉에 당나라의 속국이 된 토욕혼은 아예 토번의 적수가 되지 못했다. 낭패하여 지금의 칭하이성 북쪽까지 달아났다. 손챈감포는 기세를 몰아 토욕혼 옆의 두 강족 부락, 당항黨項과 백란白蘭을 또 손쉽게 차지했다.

안타깝게도 당나라는 아직 정신을 못 차린 듯했다.

할 수 없이 예비 사위는 미래의 장인을 향해 전쟁을 선언했다. 정관 12년(638), 손챈감포는 둔병屯兵(변경에 머무르며 평상시에는 농사를 짓는 군사) 20만 명을 거느리고 당나라 국경의 송주松州(지금의 쓰촨성 아바阿壩 창족藏族 자치주)를 침범해 공주를 맞으러 왔다며 큰소리를 쳤다. 이 구혼자는 심지어 공주를 못 만나면 후한 예물을 갖고 계속 진군해 자신의 성의를 표시할 수밖에 없다고 선언했다.

이번에는 당태종도 깜짝 놀라지 않을 수 없었으며 무거운 대가를 치르고서야 손챈감포를 국경 밖으로 몰아냈다. 하지만 이제는 당 제국의 황제도 그 무시무시한 이웃을 절대 얕잡아봐서는 안 된다는 것을 똑똑히 인식했다. 그래서 손챈감포가 다시 구혼을 해왔을 때 당태종은 즉시 승낙을 했다. 비록 시집보낼 여자가 자신의 친딸은 아니었지만 말이다.

손챈감포도 태종의 체면을 세워주었다. 자신의 오른팔인 대재상 녹동찬祿東贊(가르동찬)을 장안으로 파견해 많은 돈과 선물로 대당의 공주에 대한 사모의 마음을 표시했다. 똑똑하고 유능했던 녹동찬도 자신의 사명을 욕되게 하지 않고 자연스럽게 제국의 군신과 교섭을 진행했다. 그 결과, 태종은 녹동찬을 다시 보고 그에게도 황족의 딸을 아내로 주겠다고 했다.[27]

녹동찬은 황제의 '원플러스원' 제안을 예의 바르게 거절하며 말했다.

"신은 본국에 이미 본처가 있습니다. 부모님이 짝지어준 사람을 어찌 내치겠습니까? 하물며 우리 찬보께서 아직 공주님을 뵙지 못했는데 신하가 어찌 한 발 앞서 가겠습니까?"

이 말을 듣고 황제는 갸륵한 마음이 드는 동시에 그를 포섭하려는 생각이 더욱 굳어졌다. 그래서 우격다짐으로 자기 손위 누이의 외손녀를 녹동찬에게 시집보냈다. 그것은 제국이 시행해온 화친의 역사에서 전례 없는 일이었을 것이다.

손챈감포의 혼사는 당연히 더 문제될 게 없었다.

---

27 베이징 고궁박물원에 소장된 염입본閻立本의 「보련도步輦圖」를 보면 어가 한가운데에 단정히 앉아 있는 사람이 당태종이며 뻣뻣이 수염을 기른 채 당태종을 보고 있는 사람(그림 왼쪽에서부터 세 번째 인물)이 바로 녹동찬이다.

정관 15년(641) 정월, 문성공주가 토번에 들어갔다.

혼례는 성대하고 화려하게 치러졌다. 당나라에서는 예부상서를 사절로 파견해 공주를 호송하고 혼례를 주재하게 했으며 손챈감포는 라싸에서 오늘날의 칭하이성 지역으로 건너가 자기가 병탄한 토욕혼의 옛 땅에서 친히 신부를 맞이했다. 그는 심지어 라싸에 문성공주를 위한 궁전까지 새로 지었으며 자기는 당나라의 복식으로 갈아입어 대당 황제의 사위로서의 면모를 갖췄다.[28]

지금 돌아보면 그때 쓴 돈은 확실히 그만한 값어치를 했다.

실제로 당나라와 토번의 그 통혼은 두 나라 백성에게 적어도 20년 간의 평화를 가져다주었고 두 군주도 각자 바쁜 일에 집중할 수 있게 되었다. 태종은 성공적으로 서돌궐의 침범을 저지하고 서역 각국을 수중에 넣었으며, 손챈감포는 확장과 정복의 사업을 끝까지 밀어붙이고 때맞춰 인도인들을 혼쭐내줬다.

더 중요한 것은 문화 교류였다.

기록에 따르면 문성공주가 토번에 들어갈 때 석가모니 불상과 진귀한 보물, 당나라 복식과 가구, 요리 식자재 등을 혼수로 가져갔을 뿐만 아니라, 시서예악, 의료 기구, 농기구, 육종 등에 정통한 학자와 악사, 의사, 토목기술자까지 데려갔다고 한다. 그들은 그야말로 방대한 문화대표단 겸 기술지원단이었다.[29]

169 손챈감포는 당나라에 유학생을 파견하기도 했다. 그들은 대부분 토

---

28 위의 내용은 『신당서』 『구당서』의 「토번전」과 『자치통감』 195, 196권 참조. 따로 데니스 트위칫, 『케임브리지 중국사-수당편』과 크리스토퍼 벡위드, 『중앙아시아에서의 토번: 중고中古 초기의 토번, 돌궐, 대식, 당나라의 투쟁사』 그리고 게가사와 야스노리, 『빛나는 세계 제국: 수당시대』 참조.

29 색남견찬素南堅贊, 『서장왕통기西藏王統記(토번 왕조 세계명감吐番王朝世系明鑑)』(류리첸劉立千 역주) 참조.

번의 왕족과 추장의 자제였다. 하지만 손챈감포는 당나라에만 전적으로 기울지 않고 다른 여러 나라와 균형을 유지했다. 네팔의 공주도 아내로 맞이했고 인도에서도 문화를 도입했다. 게다가 바로 손챈감포의 시대에 그 지혜로운 민족은 자신들의 문자를 창조했다.[30]

토번은 평화롭게 일어섰지만 결코 무력을 배제하지는 않았다.

의심의 여지 없이 어떤 일이든 양면성이 있게 마련이며 이웃의 강대함은 당나라로서는 꼭 좋은 소식은 아니었다. 게다가 토번의 후계자는 손챈감포만큼 말이 잘 통하는 인물이 아니었다. 당고종 함형咸亨 원년(670), 토번은 서돌궐과 손을 잡고 대대적으로 당나라를 공격해 우전, 소륵, 구자를 차례로 함락시켰다. 이로써 안서사진이 폐기되어 당태종이 확보한 자산이 송두리째 날아가고 말았다.

토번은 목적을 달성했지만 그래도 멈추지 않았다. 거꾸로 안사의 난 때, 또 승세를 타고 대종 광덕廣德 원년(763)에 장안을 점령하는 한편, 지금의 간쑤성 일대의 농우隴右, 하서河西 등의 지역을 수중에 넣었다. 그 후에는 또 투르판 등의 전략적 요충지까지 점령하고 오늘날의 둔황 지역을 60년이나 자신의 치하에 두었다.

강성해진 토번은 끝내 당나라의 두통거리가 되었다.

결국 당나라와 토번 간의 회담이 두 차례 열렸고 한자와 티베트 문자로 적힌 평화 기념비도 그때 세워져 지금까지 라싸에 남아 있다. 하지만 당시 당나라와 토번은 모두 내리막길에 접어든 상태였다. 9세기

---

30 게가사와 야스노리, 『빛나는 세계 제국: 수당시대』 참조. 이밖에도 티베트 문자의 기원에 대해서는 두 가지 견해가 있다. 불교 학자들은 7세기, 국왕 손챈감포가 언어학자 탄미呑彌 · 상포찰桑布扎을 인도에 보내 산스크리트어를 배우게 했는데, 그가 귀국하여 산스크리트어 자모로 티베트 문자를 창제했다고 생각한다. 그러나 옹중본교雍中本教(티베트 원시 종교의 한 갈래)의 학자들은 티베트 문자가 전적으로 고대 상웅문象雄文에서 발전한 것이라고 믿고 있다.

중엽, 당나라 황제는 환관의 손에 놀아나는 허수아비로 전락했고 토번 왕조는 내란으로 사분오열되어 완전히 해체되면서 과거의 번영은 전부 아름다운 추억으로만 남았다.[31]

카르장꽃이 졌다. 언제 다시 필지 기약도 없이.

---

31 두 차례 회담은 각기 당덕종 건중建中 4년(783)과 당목종 장경長慶 원년(821)에 열렸다. 그 후, 당나라와 토번은 전쟁 종결을 선언하고 모두 침체기에 들어갔다.

장사꾼 회흘

토번이 안사의 난 이후 허점을 노려 당나라를 침입한 것과 정반대로 북방의 한 소수민족은 동란 중에도 당나라의 동맹군이 되었다. 지덕至德 2년(757), 그들은 당 숙종肅宗을 도와 서쪽 도읍 장안을 수복했고 보응寶應 원년(762)에는 또 당 대종을 도와 동쪽 도읍 낙양을 수복했다. 물론 어떤 학자는 그 부대가 사실상 용병이었으며 요구한 대가가 터무니없이 높았다고 생각한다. 하지만 어쨌든 그 민족이 일찍이 크게 활약한 사실만큼은 의심의 여지가 없다.[32]

그렇다. 그들은 바로 회흘回紇, 즉 오늘날의 위구르Uighur였다.

회흘은 원래 철륵의 한 갈래로서 수양제 대업 연간에 서돌궐 니궐처라 카간의 지배에서 벗어나, 정식으로 자신들의 이름을 회흘이라고 천명했다. 또 당 덕종德宗 정원貞元 4년(788)에는 당나라에 공문을 보내 회골回鶻로 개칭했다고 알렸다. 하늘을 선회하는 송골매처럼 재빠르다는

172

뜻이었다.[33]

그렇다. 회흘은 확실히 처신이 재빨랐다.

과거의 흉노와 돌궐과 마찬가지로 회흘도 애초에 유목민족이었다. 다만 그들과 달리 중원 지역과 기본적으로 마찰 없이 잘 지냈다. 게다가 돌궐과 갖가지 복잡한 관계로 이어져 있었는데도 불구하고 계속되는 전쟁에서 줄곧 당나라 편에 섰다. 정관 4년(630), 회흘은 당나라를 도와 동돌궐을 멸했고 현경 2년(657)에도 당나라를 도와 서돌궐을 멸했다.[34]

이렇게 보면 그들은 정말로 당나라의 동맹군이었다.

하지만 하늘 아래 공짜 점심이 있을 리 없다. 회흘이 당나라를 도운 것은 결코 무슨 의리 때문이 아니었다. 실제로 그들은 매번 착실히 이익을 챙겼다. 서돌궐을 멸한 뒤에는 동, 서돌궐의 땅이 회흘에게 돌아갔다. 그 후, 회흘이 후後돌궐의 통치를 전복시킬 때는 당나라도 답례로 그들을 도왔다. 이를 바탕으로 이 민족은 자신들의 칸국을 수립하고 당나라의 승인과 책봉을 얻었다.

당나라와 회흘은 서로를 이용했을 뿐이었다.

상호 이용의 법칙은, 가게가 세면 손님을 무시하고 손님이 세면 가게를 무시하는 것이다. 당나라가 기울어 두 도읍을 잃었을 때 값을 부를 자격을 가진 쪽은 회흘이었다. 명색이 각 민족 백성의 천카간이었던 당나라 황제는 울분을 참고 양보할 수밖에 없었다.

33 『중국대백과전서(제1판)·민족권』 참조.
34 아래 내용은 따로 주를 달지 않았다. 모두 『구당서』 「회흘전」, 『신당서』 「회골전」, 『중국대백과전서(제1판)·민족권』에 나오며, 동시에 린간의 『돌궐과 회흘의 역사』, 게가사와 야스노리의 『빛나는 세계 제국: 수당시대』를 참고했다.

영국寧國공주는 그렇게 해서 회흘의 카간에게 시집을 갔다.

문성공주가 종실의 여성에 불과했던 것과 달리 영국공주는 당 숙종이 가장 아끼던 막내딸이었다. 그녀가 떠나기 전, 황제는 친히 환송연을 베풀었다. 부녀는 이별을 아쉬워했고 연회장에는 생이별의 처량한 분위기가 가득했다. 마지막에 공주는 눈물을 머금고 부황을 위로했다.

"나라의 안위를 위해서라면 저는 죽음도 거절하지 않을 거예요!"

숙종은 눈물을 주르르 흘렸다.

그런데 회흘의 카간은 과거의 손챈감포처럼 그렇게 예의 바르지도, 은혜에 감사하지도 않았다. 국경을 넘어 마중을 나가지도 않았을뿐더러, 오히려 황포와 오랑캐 모자 차림으로 군막 안에 거들먹거리며 앉아서 공주를 호송해온 한중왕漢中王 이우李瑀 일행을 맞았다.

카간이 물었다.

"왕야王爺는 천카간과 어떤 관계요?"

이우는 답했다.

"대당 천자의 사촌동생이오."

"왕야 윗자리에 서 있는 사람은 누구요?"

"궁중 환관이외다."

카간이 소리쳤다.

"환관은 노예인데 어찌 왕야 위에 있을 수 있는가?"

그 환관은 놀라서 뒤로 물러섰다.

카간이 또 말했다.

"당신들은 카간을 보고도 어찌 절을 하지 않는가?"

이우가 답했다.

"영국공주는 대당 천자의 친딸이시고 카간은 대당 천자의 사위인데 어찌 침상에 높이 앉아 은혜를 받으려는 거요?"

회흘의 카간은 그제야 일어나서 황제의 조서를 받았다.[35]

그러나 이우는 단지 당나라의 체면을 세웠을 뿐이었다. 회흘은 실리에 있어서는 조금도 양보하지 않았다. 정사의 기록을 보면 그때의 약정에 따라 당 제국은 매년 회흘의 용병 부대에 사례비로만 무려 비단 2만 필을 지급해야 했다. 여기에는 그들이 약탈하고, 갈취하고, 각종 명목으로 추가한 것은 포함되지 않았다.[36]

탐욕스러운 회흘은 강제로 사고파는 행위까지 했다. 말 한 필에 비단 수십 필을 달라고 했다. 한번은 자기들 멋대로 말 2만 필을 당나라로 몰고 가서 값으로 비단 50만 필을 불렀다. 당나라는 그렇게 많은 말이 필요 없었을뿐더러 그렇게 많은 비단을 내놓기도 힘들었다. 결국 반복되는 교섭 끝에 절반 가격으로 거래가 성사되었다.

회흘은 무엇 때문에 그렇게 많은 비단을 갈취한 것일까?

절호의 기회와 지리적 이점을 이용해 큰돈을 벌기 위해서였다. 그들이 당나라로부터 갈취한 비단은 일부만 회흘 귀족의 사치품이 되었고 대부분은 회흘 상인과 소그드 상인의 손을 거쳐 서양으로 흘러 들어

35 『구당서』 「회흘전」과 『신당서』 「회골전」에 의하면 영국공주는 회흘의 카간에 의해 카툰可敦(황후)으로 책봉되었다. 그 카간이 죽은 뒤, 회흘인들은 원래 공주를 순장하려 했다. 하지만 공주는 강력히 거부하고 당나라로 돌아갔다.

36 비단 1필은 너비가 1척 8촌(54센티미터), 길이는 4장(12미터)이었다.

갔다. 그 비단은 심지어 페르시아의 은화와 당나라의 동전처럼 당시 상업무역의 통화 역할까지 했다.[37]

그것은 이상한 일이 아니었다. 동양과 서양, 두 세계를 연결시킨 그때의 상업무역 통로가 실크로드라고 불렸던 것을 잊어서는 안 된다. 하물며 비단은 휴대하기도 쉽고 가격도 높은데다 서양인들이 앞다퉈 갖고 싶어해서 신속히 되넘겨 팔면 당연히 큰돈이 되었다.

회흘의 칸국은 재정이 풍부해졌다.

이와 동시에 이 민족의 사회적 성격에도 변화가 생겼다. 많은 회흘인이 유목에서 정착과 상업으로 나아가 '유목 도시생활'을 영위하기 시작했다. 칸국의 전성기에 오르콘강鄂爾渾河(지금의 몽골 영토 안에 위치) 상류에 위치한 그들의 왕궁은 휘황찬란했고 성안에는 전각과 사원들이 빽빽이 늘어서 있었으며 그 사이로 각국의 상인과 승려들이 돌아다녔다.[38]

그중 가장 사람들의 눈길을 끈 것은 분명 마니교의 법사였다.

마니교Manichaeism는 3세기 페르시아에서 일어난 오래된 종교로서 그 교의는 간단히 말해, 빛이 결국에는 어둠과 싸워 이긴다는 것이었다. 그래서 명교明敎라고도 불렸다. 이 종교는 대략 6세기부터 7세기까지 육로로 서역에 전해졌고 또 서역을 통해 회흘에 전해졌다. 회흘인은 금세 자신들이 믿던 샤머니즘을 버리고 마니교를 국교로 삼았다.

왜 그렇게 된 것일까?

37 중국의 사학자 선푸웨이와 일본의 사학자 게가사와 야스노리는 모두 이 점에 주목했다. 하서주랑이 토번에 의해 끊긴 탓에 회흘은 총령 동쪽 최대의 비단무역 중간상이 되었다. 그들은 소그드 상인들과 함께 매년 엄청난 양의 비단을 중앙아시아와 서아시아로 운송해 당나라에 거대한 재정 적자를 안겼다. 야스노리는 특히 회흘이 비단을 고액의 통화 및 결제 수단으로 삼아 엄청난 부를 쌓음으로써 사회적 성격이 바뀌게 된 문제에 주목했다. 선푸웨이, 『중서문화 교류사』와 게가사와 야스노리, 『빛나는 세계 제국: 수당시대』 참조.
38 게가사와 야스노리, 『빛나는 세계 제국: 수당시대』 참조.

정사의 해석에 따르면 포교를 위해 막북漠北(고비사막 이북의 광대한 사막 지역)으로 들어간 마니교 법사 고팔두高八斗의 뛰어난 언변에 회흘의 카간과 귀족들이 감복했기 때문이라고 한다. 하지만 왜 마니교가 다른 지역보다 회흘에 더 큰 영향을 끼쳤을까? 설마 다른 지역의 선교사들은 전부 일자무식에 말주변이 없었단 말인가?[39]

확실히 위의 견해는 신빙성이 부족하다.

반증으로 중원의 태도를 살펴보자. 전반적으로 당나라의 황제와 유생들은 마니교를 안 좋아했다. 개원 20년(732), 당 현종이 금지령을 내리기도 했다. 그러다가 회흘이 당나라를 도운 공을 인정해 대력大曆 3년(763), 비로소 당 대종이 마니교의 사원 건립을 허가하고 대운광명사大雲光明寺에 편액을 하사했다. 그러나 회흘 칸국이 망하자마자 마니교는 다시 금지된 사교邪教가 되었다.[40]

그러면 마니교는 중원에서는 왜 냉대를 받았을까?

원인은 당연히 많았다. 그중 하나는 마니교 법사가 별로 마음이 깨끗해 보이지도, 욕심이 적어 보이지도 않았기 때문일 것이다. 장안에 들어온 후, 그들이 가장 좋아한 일은 시장에 출몰하며 상인들과 어울리고 간통을 일삼은 것이었으니 전혀 출가인답지 않았다.[41]

그러나 중국 사대부들이 반감을 느낀 이유는 아마도 그것이 회흘이 좋아하는 종교였기 때문일 것이다. 그 민족은 장사꾼의 머리를 타고났는지 자신들의 자그마한 부락을 방대한 칸국으로 키워냈고 또 국제적

---

39 「회골비가가한성문신무비回鶻毗伽可汗聖文神武碑」 참조.
40 『중국대백과전서(제1판)·종교권』 참조.
41 『신당서』 「회골전」 참조.

인 성격의 유목 무역도시까지 건설했다. 그 바람에 장안에도 한바탕 상업의 열풍이 불어닥쳤다.[42]

알고 보면 회흘은 마니교와 죽이 맞을 만했다. 마니교가 발생한 페르시아는 원래 상업 제국으로서 오랫동안 실크로드에서 중간상 역할을 했기 때문이다. 아마도 마니교 법사는 회흘에서 포교할 때 장사의 요령까지 설파해 그들의 비위를 맞췄을 것이다.

나중에 회흘은 독특한 길을 걸었다.

당 무종武宗 개성開成 5년(840), 이미 회골로 이름을 바꾼 그들의 칸국은 갑작스러운 습격을 당해 멸망을 고했다. 그러나 나라를 잃은 회골인들은 유목시대로 돌아가지 않고 세 갈래로 나뉘어 계속 전진했다. 그중 일부는 남하하여 중국의 농경 문명에 동화되었고 일부는 지금의 간쑤甘肅로 들어가 감주甘州 회골과 사주沙州 회골이 되었으며 더 많은 이는 지금의 신장으로 이주해, 민족의 뿌리가 같은 그곳 원주민들과 함께 서주西州 회골이나 천산天山 회골을 형성했다.

그것은 한 민족의 재탄생이었다. 그 전에 그들은 이미 유목민족에서 상업민족으로 화려하게 변모한 적이 있었다. 그 후에는 또 그렇게 중국 서북쪽에 정착해 위구족裕固族과 위구르족의 선조 또는 선조 중 하나가 되었다.[43]

서쪽으로 이주한 회골은 종교도 바꿨다. 간쑤 남부의 위구족은 라마교 겔루크파(황교黃敎)를 믿었고 신장의 회골은 10세기에 건립된 카라한

178

42   이덕유李德裕는 『회창일품집會昌一品集』 2권에서 회흘이 장안의 기풍에 영향을 끼쳐 이익을 좇는 자가 많아지고 사악한 자들이 그 뒤를 좇는다고 말했다.

43   위구족의 전신은 무측천 시기에 지금의 장예, 우웨이로 옮겨간 회흘과 840년 이후 그곳으로 옮겨간 회골이다. 원명 때는 살리외올아撒里畏兀兒라고 불렸으며 1953년에 위구족으로 이름이 정해졌다. 그리고 위구르족은 이 민족이 스스로 정한 이름인데 연합, 협조라는 뜻이라고 알려져 있다. 이 민족의 기원에 관해서는 두 가지 견해가 있다. 하나는 회골의 서쪽 이주 이후, 천산 일대와 남강의 각 민족이 회골에 동화된 결과라는 것이고, 다른 하나는 신장에 옛날부터 위구르족이 있었는데 그 고대 위구르족과 회골이 합쳐져 훗날의 위구르족이 되었다는 것이다. 『중국대백과전서(제1판)·민족권』 참조.

왕조 시기에 대대적으로 이슬람교를 받아들였다. 그것은 사실 이상한 일이 아니었다. 초기 이슬람은 아라비아반도의 베두인족이 창조한 유목 상업 문명이었기 때문에 그들과 맞아떨어지는 점이 있었다.

다만 그것은 훗날의 이야기일 뿐이다.[44]

[44] 이슬람 문명과 중국 역사의 관계에 대해서는 다음 권(14권)에서 자세히 다룰 것이다.

절반의 호화

회골을 멸한 것은 힐알사點戛斯였다.

 힐알사는 명목상으로는 철륵의 한 갈래였지만 사실은 백인이었다. 그들은 몸집이 크고 머리칼이 붉었으며 또 피부가 하얗고 눈동자는 파란색이었다. 인류학자들은 그것이 튜턴족Teuton의 체질적 특성이라고 생각한다. 다시 말해 게르만의 야만족이 당나라 제국에서 활약했던 것이다.

 야만족은 세계의 역사를 다시 썼으며 힐알사도 그랬다.

 하지만 힐알사는 회골을 산산조각 낸 이후에 어디론가 사라졌고 몽골인이 흥기하고 나서야 다시 역사의 무대로 돌아왔다. 그들의 후예는, 러시아에서는 카자크Kazak라는 이름의 용감한 기병이었고 중국에서는 카자흐哈薩克라는 부지런한 유목민이다.

 할알사인이 언제 중국에 들어왔는지는 이미 고증하기 어렵다. 단지 그들이 한나라 때 견곤堅昆이라고 불렸다는 것만 알려져 있다. 견곤의 풍속에 따르면 태어난 아이가 검은 머리일 때는 불길하다 여겼으며 검은 눈동자일 때는 한나라 장군 이릉李陵의 후예라고 간주되었다. 이를 통해 그들이 진작부터 혼혈이었고, 또 그런데도 백인의 정체성을 고수했음을 알 수 있다.[45]

그러나 할알사인은 그렇게까지 신경 쓸 필요는 없었다. 혼혈은 거대한 추세였기 때문이다.

그 추세는 오호십육국 시기에 시작되었고 수당 때에 와서 한층 더 심해졌다. 그 전까지는 통혼으로 인한 종족 변이일 뿐이었는데 나중에는 문화로까지 발전했다. 이민족, 즉 호인의 생활 방식이 의식주 각 방면에 영향을 미쳐 호인의 습속을 따라하는 것이 성행했고 심지어 유행의 조류를 이끌었다.

그것은 호화胡化라고 불렸고 호풍胡風이라 불리기도 했다.

호화는 장안에서 전국으로 파급되었다. 그것은 언제나 수도가 유행을 선도하기 때문이기도 했고 또 거기에 많은 호인이 살았기 때문이기도 했다. 안사의 난 이후, 회흘의 장안 상주인구는 1000명 전후였고 회흘인인 체하는 소그드인의 숫자는 그 배가 넘었다. 그리고 정관 연간에 돌궐인은 무려 1만 호가 넘어서 당시 장안 총인구 중 적어도 3분의 1 이상을 차지했다. 실로 놀라운 수치가 아닐 수 없다.[46]

181

더 중요한 것은 그들 중 부자이거나 신분이 높은 유력자들이 적지

45 위의 내용은 『신당서』 「회골전」 부록과 린훼상林惠祥의 『중국 민족사』 참조.
46 이 두 가지 수치는 『당회요』 73권과 『신당서』 「회골전」에 나오며 상다의 『당대 장안과 서역 문명』 참조.

않았다는 사실이다. 페르시아의 왕자, 돌궐의 장군, 토번의 사절, 서역의 고승, 소그드의 거부, 회흘의 상인 등이 그 특수한 집단의 주류이자 중추였다. 그들은 장안과 낙양에 호화주택을 사고, 높은 누각을 짓고, 땅을 사고, 요직을 맡고, 가족을 이뤄 제국 수도의 엄연한 일원으로 살았다.

당나라의 상류사회 사람들은 황제의 친인척, 고관대작, 문인과 문객을 비롯해 모두 그 호인들과 교류했다. 그들은 국제무역의 중심지였던 장안 서시西市에 들러 정신이 쏙 빠졌고 호인들이 세운 고급 살롱에서 호화와 사치를 즐겼다. 그리고 각종 파티에 지칠 줄도 모르고 참석했는데, 거기에는 감미로운 구자악과 아름다운 호선무, 맛좋은 포도주뿐만 아니라 꽃과 옥처럼 고운 이민족 미녀가 있어 손님들의 시중을 들었기 때문이다.

이에 대해 시인 이백李白은 일찍이 "가랑비 내리고 봄바람 불어 꽃 떨어질 때, 채찍 휘둘러 곧장 서역 미인에게 가서 술을 마시네細雨春風花落時, 揮鞭直就胡姬飮"라고도 했고 "떨어진 꽃은 다 밟히고 어디서 떠돌까, 웃으며 서역 미인의 술집에 들어가네洛花踏盡游何處, 笑入胡姬酒肆中"라고도 했다.

아, 이래서 이백은 "천자가 오라 하는데도 배에 안 오르고, 스스로 자기가 주중선酒中仙이라고 말했던天子呼來不上船, 自稱臣是酒中仙" 것이다.[47]

이백 같은 명사가 앞장을 섰으니 그를 따르던 팬들도 가만있지는 않았을 것이다.

182

---

47 각기 이백의 「백비과白鼻騧」 「소년행」의 두 번째 수 그리고 두보의 「음중팔선가飮中八仙歌」에서 인용. '과騧'는 입이 까만, 작은 노랑말이다.

더군다나 호인들의 생활 방식은 꽤나 자극적이었다. 마상격구는 남성의 힘을 보여주었고 호복胡服은 여인의 섹시함을 드러냈다. 전자는 페르시아인이 발명한 것으로 지금은 폴로라고 불린다. 후자는 소매가 좁고 몸에 달라붙게 마름질을 해서 최대한 여성의 신체 곡선을 두드러지게 한 것이 특징이었다. 그 스타일을 어느 시에서는 "회골 옷을 입고 회골 말을 타는 것이, 가는 허리에 가장 잘 맞네回鶻衣裝回鶻馬, 就中偏稱小腰身"라고 개괄했다.[48]

이 모든 것이 장안 소년들의 욕망을 자극하고 호르몬 분비를 증가시켰다. 이세민이 일찍이 태자로 세웠던 이승건李承乾은 심지어 돌궐인이 되고 싶어 안달이 났다. 그는 돌궐어로 말하고 돌궐 옷을 입었을 뿐만 아니라, 동궁 뜰에 천막을 치고 늑대 머리 깃발까지 꽂아서 아주 제대로 돌궐 카간을 흉내 냈다.

그 흉내는 대단히 그럴싸했다. 이승건은 또 돌궐인과 흡사하게 생긴 이들을 데려와 양가죽을 입히고 머리를 땋게 해 돌궐 무사로 분장시킨 뒤, 자기는 카간으로 가장해 천막 안에서 죽은 척했다. 그런 다음, 그 배우들에게 명해 돌궐의 풍속에 따라 얼굴을 그어 피를 내며 대성통곡을 하도록 하고, 또 말을 탄 채 천막을 돌며 묵념을 하게 했다. 그때가 돼서야 이승건은 벌떡 일어나 앉아, "정말 이럴 수만 있다면 어찌 즐겁지 않겠는가!"라고 말했다.[49]

태자 전하가 이러했으니 당시의 기풍이 어땠는지 짐작할 만하다.

---

48 화예부인花蕊夫人의 「궁사宮詞」에서 인용.

49 『신당서』「상산왕승건전常山王承乾傳」 참조. 이승건은 나중에 서인庶人으로 격하되었다.

당나라의 여자들도 지지 않았다. 그녀들은 시종일관 '해외 패션'만 추종했다. 페르시아의 귀고리를 흉내 내 보요步搖라 했고, 인도의 어깨 걸이를 흉내 내 건피巾帔라 했고, 중앙아시아의 머리 모양을 흉내 내 계퇴髻堆라 했고, 토번의 얼굴 화장을 흉내 내 면자面赭라 했다. 당연히 그녀들은 한 가지 스타일만 고집하지 않았으니, 장안은 분명 패션의 풍향계였다.

그녀들의 모자는 더더욱 시대의 변화에 따라 변모했다. 당고종 이전에 여자들의 모자 차양은 천이었고 무릎까지 늘어졌지만, 나중에 망사로 바뀌고 목까지만 늘어졌다. 그리고 더 나중에는 호인들의 모자가 유행해 다들 얼굴을 드러냈으며 마지막에는 아예 모자를 안 쓰고 쪽머리를 내놓은 채 외출했다.[50]

결국 당나라의 여인들은 옷을 나날이 덜 입어서 몸을 나날이 더 노출했으며 또 나날이 더 많은 이벤트에 참가했다. 그녀들은 심지어 남자 옷차림으로 말을 타고 야외 나들이를 가거나 격구를 했다. 격구장에서 늠름하고 씩씩한 여자들이 종횡무진하며 아리따운 음성으로 소리를 지르면 구경하던 남자들이 호응하여 갈채를 보냈다.[51]

당나라의 남녀들은 다 '호인의 마음'을 가졌던 것으로 보인다.[52]

그것은 당연히 곤란한 일이었다. 그래서 당 고종 함형 2년(671), 조정은 풍속을 단속하라는 명을 내렸지만 애석하게도 별로 효과가 없었다. 그 혼혈 왕조의 신하와 백성은 이미 문화적으로도 혼혈이 되기로 마음

184

---

50 위 두 문단은 상다의 『당대 장안과 서역 문명』, 선푸웨이의 『중서문화 교류사』, 리빈청李斌城 등의 『수당오대 사회생활사』를 종합적으로 참고.

51 계가사와 야스노리, 『빛나는 세계 제국: 수당시대』 참조. 따로 랴오닝성 박물관에 소장된 당나라 화가 장훤張萱의 「괵국부인유춘도虢國夫人游春圖」도 증거를 제공해준다.

52 당나라 진홍조陳鴻祖의 『동성노부전東城老父傳』에 "지금 북쪽 호인들이 장안에서 함께 섞여 살며 가정을 이루고 있는데, 장안의 젊은이들이 호인의 마음을 갖고 있다"라는 구절이 있다.

을 굳힌 듯했다. 토번과 회골이 흥기하자, 여자들은 중원 여자가 마땅히 갖춰야 할 용모와 거리가 멀다는 소리를 들으면서도 굳이 회골 머리 모양과 토번 얼굴 화장을 택했다.[53]

이런 호화胡化는 전반적인 양상이었을까, 아니면 절반의 양상이었을까?

우선 절반이었다고 해두자!

하지만 절반의 양상이었다고 해도 당나라를 다채로운 사회로 만들기에 충분했다. 당시 장안에서는 중앙아시아와 인도, 이슬람 국가에서 일반화된 조반抓飯(양고기를 섞어 만든 육반)을 먹을 수 있었고 개원 이후에는 한층 더 호식胡食이 유행했다는 것을 아는 사람은 거의 없을 것이다. 장안 내 '서역 음식점'의 숫자는 아마도 오늘날의 상하이에 못지않았을 것이다.[54]

당연히 포도주도 절대 빠지지 않았다.

맛있는 포도주를 야광 잔에 따르면 아름다운 비파 소리가 마시라고 재촉을 했다葡萄美酒夜光杯, 欲飲琵琶馬上催. 포도주는 당나라인과 관계가 대단히 밀접했다. 중국에 전래된 것은 한위漢魏 때였지만 직접 제조하기 시작한 것은 고창국 정복 이후였다. 당태종은 심지어 양조 기술자를 친히 임명하고 원래의 양조법을 개량해 여덟 가지 새 품종을 만들게 했다.[55]

185 그런 황제는 확실히 보기 드문 축에 속했다.

---

53 『구당서』「여복지興服志」 참조. 백거이도 「시세장時世妝」에서 "원화 연간의 몸단장을 돌아보면 계퇴와 면자는 중화의 풍속이 아니었다"고 했다. 이를 통해 토번의 습속인 면자의 유행이 당고종의 풍속 단속 이후의 일이었고 따라서 그 풍속 단속이 효과가 없었음을 알 수 있다.

54 조반은 당시 필라라고 불렸는데 그것은 페르시아어 'pilaw'의 음역어였다. 샹다, 『당대 장안과 서역 문명』과 선푸웨이, 『중서문화 교류사』 참조.

55 『진서』「여광재기呂光載記」를 보면 한위 때 사람들도 포도주를 알고 있었음을 확인할 수 있다. 그리고 당태종이 포도주를 만들게 한 일은 『책부원구』 970권에 나온다. 아울러 샹다, 『당대 장안과 서역 문명』과 선푸웨이, 『중서문화 교류사』 참조.

사실상 당나라에서 호인의 풍속이 유행한 것은 황제의 영향이 컸다. 장안에서 마상격구가 성행한 것도 당태종이 먼저 그것을 즐겼기 때문이다. 당현종 이융기李隆基는 아예 고수 소리를 들었으며 토번의 한 격구 스타보다 자기가 실력이 뒤진다고 부끄러워한 적도 있었다. 그 후로도 선종, 희종僖宗이 격구 선수였고 목종穆宗, 경종敬宗은 격구 팬이었으니 어떻게 격구가 유행하지 않을 수 있었겠는가?[56]

건축도 예외는 아니었다.

성당 시기(당나라 시대는 흔히 초당初唐, 성당盛唐, 중당中唐, 만당晚唐 4기로 나뉘는데 성당은 주로 현종 개원 원년(713)부터 숙종 상원 2년(761)까지를 가리키며 당나

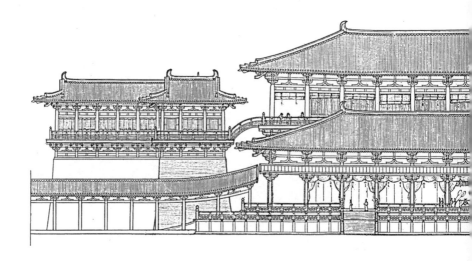

56 봉연封演, 『봉씨견문기封氏見聞記』 6권 「타구打球」에 나오며, 동시에 상다, 『당대 장안과 서역 문명』과 선푸웨이, 『중서문화 교류사』 참조.

라의 최고 전성기에 해당한다)의 건축은 서아시아의 재료와 스타일이 유행했고 혹서기에 열기를 식히는 기술을 채용했다. 건축가는 교묘하게 처마에서 물이 흘러내려가게 함으로써 실외의 열기를 차단하는 동시에, 흐르는 물로 바람개비를 돌려 실내에 바람을 불어넣었다. 그러면 당연히 실내가 서늘해질 수밖에 없었다. 언젠가 당현종은 꼬투리 잡기를 좋아하는 한 신하를 그런 서늘한 전각으로 불렀는데, 결국 그 신하는 감기에 걸리고 배탈이 나서 크게 낭패를 보았다.[57]

그러면 그 기술은 또 어느 나라의 것이었을까?

놀랍게도 동로마 제국의 기술이었다.[58]

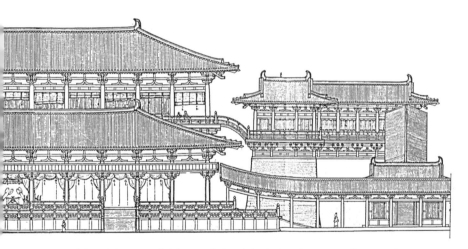

당나라 대명궁大明宮 인덕전麟德殿의 남쪽 정면도의 일부. 양홍쉰楊鴻勛, 『건축고고학논문집』 참조.

57   이 일은 『당어림唐語林』 4권에 나온다. 당현종이 서늘한 전각으로 그 관리를 부른 것은 아마 고의였을 것이다. 그 관리가 그 전각의 건축을 반대했기 때문이다. 그래서 당현종은 특별히 얼음덩이를 숨긴 좌석에 그를 앉게 하고 얼음을 갈아 넣은 음료수까지 하사해 결국 배탈이 나게 했다. 나중에 당현종이 그에게 말하기를, "사람마다 개인적인 편차가 있으니 그대는 앞으로 의견을 제시할 때 좀 더 생각을 해졌으면 좋겠네"라고 했다.

58   샹다는 『구당서』「불름전拂菻傳」의 관련 기록을 근거로 그 기술이 동로마 제국에서 전래된 것이 틀림없다고 주장한다. 샹다, 『당대 장안과 서역 문명』 참조.

실제로 수당시대에 이른바 호인은 결코 중국의 북방과 서북의 소수민족만을 가리키지는 않았다. 페르시아인, 인도인, 아랍인, 로마인까지 다 포함했다. 그들은 『신당서』와 『구당서』에서 고창, 언기, 구자, 소륵, 우전과 마찬가지로 서역의 일부로 간주되었고 단지 돌궐, 회골, 토번보다 중요성이 덜했을 뿐이었다.

아마도 그것은 일종의 국제적인 시각이었다.

수당이 유독 국제적인 시각을 가졌던 것은 그들이 혼혈 왕조였기 때문이다. 자신이 혼혈아였으므로 남들이 무슨 종족인지 크게 괘념치 않았다. 비록 그들이 스스로 중화임을 자처했고 또 중화가 세계의 중심이라고 생각해 일방적으로 다른 나라와 민족을 다 중화의 체계 안에 편입시키려 했을지라도 말이다. 당태종은 심지어 다소 득의양양하게 "짐은 석 자짜리 용천검龍泉劍으로 사해四海를 통일했으니 진시황, 한무제보다 못할 것이 없지 않은가?"[59]라고 말했다.

그것은 당연한 말이었다.

사실 진한 문명도 세계성을 띠기는 했지만 수당이 훨씬 더 세계적인 대제국으로서 광범위한 영향력을 끼쳤다. 유일하게 보완되어야 했던 것은 당나라가 세계에 영향을 끼쳤을 뿐만 아니라 세계도 똑같이 당나라에 영향을 끼쳐, 그 영향이 쌍방향이었다는 점이다. 그리고 그 세계적인 문명은 결코 당태종과 당나라의 힘만으로 창조되지는 않았다. 적어도 수양제의 공로를 잊어서는 안 된다.

188

59 『신당서』 「서역전西域傳」 상, 소륵 참조.

제5장

세계 제국

고구려

밀입국자

국제도시

문화의 항공모함

운명과 선택

경항 대운하로 부유해진 양주의 상징은 시인과 미녀 그리고 페르시아인이었다.
페르시아인들은 사산 왕조의 멸망 후 중국으로 도망쳐 왔는데 하나같이 백만장자였다.

고구려

607년, 오노노 이모코小野妹子라는 일본의 사신이 사절단을 이끌고 중국에 와서 중국 황제에게 국서를 전달했다. 그 국서는 아마도 집권 중이던 쇼토쿠聖德 태자가 기초했을 터인데 그들의 외교적 바람, 즉 스이코推古 여황과 일본국이 중국과 평등하게 교류하고 싶다는 것을 명확히 표현했다. 그래서 그 첫머리의 인사말은 "해 뜨는 곳의 천자가 해 지는 곳의 천자에게 편지를 보내노니 별고 없으신가日出處天子致書日沒處天子無恙"였다.

중국의 황제는 읽고서 대단히 기분이 나빴다.

기분이 나쁜 게 당연했다. 중국 황제가 보기에 세계에는 중심이 하나뿐이고 그것은 바로 대중화大中華였으며 또 천하에는 천자도 한 명뿐이고 그 사람은 바로 자신이었기 때문이다. 하늘에 해가 두 개일 리 없듯이 백성에게도 군주가 두 명일 리 없는데 어디서 또 한 명이 불쑥 나타나 자기는 동녘에서 솟아오르고 그는 서산으로 진다고 하는 것인가? 그나마 다행히도 중국 황제는 당시 일본 천황이 여황이라는 것을 몰랐다. 만약 알았다면 대로해 혼절했을 것이다.

그래도 그 국서는 역시 하나의 사건이었다.[1]

물론 그 중국 황제는 자기의 채찍이 세상 끝의 그 손바닥만한 섬나라까지는 미치지 못한다는 것을 알고 있었고, 또 이미 읽은 국서를 돌려주기도 여의치 않아서 어쩔 수 없이 홍려시鴻臚寺(외교부)의 관리에게 분부했다.

"앞으로 저렇게 사리에 어둡고 예의도 모르는 오랑캐가 또 찾아오면 짐에게 알리지 마라."

그 중국 황제는 바로 양광이었다.

그러나 이듬해 3월 18일, 황제는 너그럽게도 다시 오노노 이모코 일행을 접견했다. 다만 이번에는 동남아의 적토赤土 같은 다른 나라 사절들과 함께였다. 4월, 수양제는 또 13명의 사절단을 파견해, 한반도 남부를 거쳐 일본으로 건너가 중국 황제의 친절한 안부 인사를 전하게 했다.[2]

오노노 이모코는 예상 밖의 성과에 매우 기뻐했다.

당시 수양제가 어떤 의도로 그랬는지는 확실치 않다. 아마도 그는 일본을 그리 대단하게 생각하지는 않았을 것이다. 따라서 그가 일본과 한반도의 백제, 신라 등을 포섭해 원교근공遠交近攻의 책략으로 고구려

192

1 사실 그 당시 일본은 이미 상당히 문명화된 국가였다. 『수서』 「왜국전」에서는 한반도 남부의 신라와 백제가 모두 일본을 큰 나라로 보았고 집권 중인 쇼토쿠 태자는 젊고 유능하며 수양제처럼 문화적 소양이 뛰어났다고 적고 있다. 그런데 『수서』는 일본 국서의 표현과 양제의 반응을 매우 신중하게 기록함으로써 오히려 당시 수나라인이 그 일을 무척 마음에 걸려했음을 보여준다. 나중에 수양제가 귀국하는 오노노 이모코 편에 자신의 국서를 들려 보냈으며 오노노 이모코는 귀국 후 쇼토쿠 태자에게 그 국서를 도둑맞았다고 거짓말을 해야 했던 것이 이 점을 잘 설명해준다. 위안강, 『수양제전』 참조.

2 이 일에 대해서는 여러 이견이 존재한다. 이 책은 위안강, 『수양제전』의 견해를 택했고 동시에 『수서』 「왜국전」과 『자치통감』 181권을 참고했다.

를 상대하려 한 것이었을 가능성이 높다.[3]

고구려는 수 제국의 눈엣가시였다. 그로부터 10년 전인 개황 18년
(598) 6월, 수문제는 다섯째 황자인 한왕漢王 양경楊琼을 총사령관으로
삼고 수륙 두 갈래로 30만 대군을 통솔해 요동 원정에 나서게 함으로
써 수당 양대에 여러 차례 시도된 고구려 토벌의 서막을 열었다. 그때
수나라군은 원정의 피로 때문에 막대한 손실을 입어서 살아 돌아온
인원이 열 명 중 한두 명에 불과했다.

양광만 이 화로 인해 이득을 보았다. 고구려 정벌 실패의 책임은 수
나라군의 재상 고경에게 돌아갔다. 고경은 원래 그 정벌에 반대했는데
도 말이다. 하지만 제1장에서 언급한 것처럼 고경의 실각은 제국의 국
정 방침에 중대한 변화가 생겼음을 의미했고 황태자도 자연스럽게 양
용에서 양광으로 바뀌었다.

이런 상태에서 양광은 즉위 후, 당연히 관중 위주의 정책을 대외 확
장의 새 노선으로 조정하는 한편, 부황의 유지를 이어 고구려 토벌에
나섰다. 심지어 이 일에 온 나라의 힘을 쏟아붓는 것도 꺼리지 않았다.
하지만 결국 연이어 참패를 당했으며 반수反隋의 투쟁이 반전의 노래가
울려 퍼지는 가운데 폭발하고 말았다.[4]

수양제는 사실상 고구려 때문에 실패했다.

희한하게도, 당태종은 즉위 후 걸핏하면 수나라를 반면교사로 삼았

3 사실 그 당시 중국인들은 일본에 대해 아는 것이 거의 없었고 취득한 정보도 상당히 피상적이거
나 심지어 황당무계했다. 예를 들어 수문제가 얻은 정보는 왜왕이 하늘을 형으로, 태양을 동생으로
삼고 있어서 하늘이 어두워져야 정무를 보고 태양이 뜨면 조정에서 물러나면서 동생인 태양에게 정
무를 넘긴다는 것이었다. 수문제는 이것이 너무나 이치에 어긋난다고 생각해서 세상의 왕의 말투로
일본인들에게 고치라는 훈령을 하달했다. 『수서』「왜국전」 참조.
4 수양제는 세 차례에 걸쳐 고구려를 원정하며 백성을 인내의 한계로 내몰았고 결국 「무향요동랑사
가無向遼東浪死歌」라는 노래가 들리는 가운데 반란이 일어났다. 그런데도 수양제는 잘못을 뉘우치
기는커녕 또 북쪽으로 돌궐 순행에 나섰다가 안문에서 적군에게 포위당했다. 그 후로 수 제국과 양제
는 재기하지 못하고 멸망으로 치달았다.

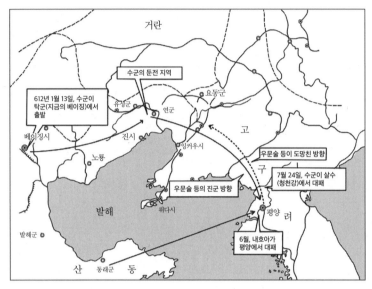

수양제의 첫 번째 고구려 정벌

는데도 불구하고 고구려 문제에서만큼은 수양제와 완전히 일치했다. 똑같이 친정에 나섰고 똑같이 신하들의 만류를 뿌리쳤으며 똑같이 연전연패했다. 유일한 차이는 당태종이 언젠가 후회를 토로했다는 것이다. 그는, "위징이 아직 살아 있었다면 틀림없이 짐을 말려주었을 텐데"라고 말했다.[5]

　　그러면 그 후에는 또 어떻게 됐을까? 고종 이치李治가 제위를 계승한 　194

---

5 『신당서』「위징전」과 『자치통감』 198권 참조.

뒤에도 동쪽 정벌은 계속되었다. 그러다가 총장總章 원년(668) 평양을 함락하고 고구려를 완전히 멸한 뒤에야 일이 마무리되었다. 다시 말해 두 왕조의 네 황제가 모두 고구려를 숨은 화근으로 보고 어떻게든 멸하려고 애를 쓴 것이다. 그들은 대체 왜 그랬을까?

답을 찾으려면 먼저 고구려에 대해 알아야 한다.

수당 시기의 고구려는 오대五代 시기인 918년에 왕건이 세운 고려와는 완전히 다른 나라다. 비록 전자가 역사와 정사에서 고려라고 불리기도 하지만 그것은 대부분 습관적인 약칭이다. 당나라가 멸망한 뒤 비로소 세워진 고려 왕조가 진짜 고려다.[6]

고구려인은 맨 처음에는 중국 동북 지역에 살았다. 전한 말엽 나라를 세울 때 오늘날의 지린성吉林省 지안集安에 도읍을 정했고 당시 그곳의 행정구역은 현도군玄菟郡이었으며 그들의 민족 분류는 예맥濊貊 계통이었다. 위진남북조 시기, 고구려인은 계속 발전해 강성해졌고 북위 척발도와 남조 유의륭의 시대에는 평양으로 천도해 한반도에 정립한 삼국 중 하나가 되었다.[7]

다른 두 나라는 백제와 신라였다.

백제와 신라는 한반도 남부의 한민족이 세운 나라였다. 한민족은 최초에 일명 삼한으로 불리는 마한, 진한, 변한으로 나뉘었다. 나중에 마한은 백제를, 진한은 신라를, 변한은 가야를 세웠다. 이것이 한반도 남부 최초의 삼국이었다. 고구려의 남하 이후, 신라가 가야를 합병해 한

195

---

6 추주룽邱九榮, 『중국대백과전서(제1판)·민족권』의 고구려 항목에서는 "북제北齊 폐제廢帝 건명建明 원년(560)에 그 왕을 고려왕으로 봉하여 그때부터 고려라고 칭했다"고 말한다. 하지만 그전에도 고구려를 고려로 칭한 이가 있었다. 예를 들어, 『위서』 「고구려전」을 보면 북위 세종 선무제宣武帝 원각元恪이 고구려의 사신을 접견하는 장면이 나오는데 양쪽 다 고구려를 고려라고 부른다. 하지만 왕의 봉호는 역시 고구려왕이다. 이를 통해 고려가 당시 고구려의 습관적인 약칭이었음을 알 수 있다. 따로 『북사北史』 「고려전」과 『수서』 「고려전」 참조.

7 『중국대백과전서(제1판)·민족권』 참조.

반도의 삼국은 고구려, 백제, 신라로 바뀌었다.[8]

백제는 서남부에, 신라는 동남부에, 고구려는 북부에 위치했다.

삼국 중에서 고구려는 중국의 영향이 가장 컸고 문명 수준이 가장 높았으며 종합적인 국력도 가장 강했다. 동시에 처한 상황도 가장 미묘했다. 동쪽의 남조와 북조, 남쪽의 신라와 백제, 서쪽의 일본, 북쪽의 말갈靺鞨과 실위室韋와 거란契丹과 돌궐은 모두 사이좋은 이웃이 아니었다. 물론 고구려 자신은 크게 개의치 않고 이미 오랫동안 동아시아 지역의 패권을 노리고 있었다.

그래서 중국에서 남북이 대치하고 있을 때, 한반도도 똑같이 혼란에 휩싸였다. 대체로 고구려는 신라와 백제는 일본과 손잡은 상태에서 한반도는 마치 춘추전국 시기의 중국처럼 패권 전쟁이 끊이지 않았다.

그것은 군사전인 동시에 외교전이었다.

고구려, 신라, 백제, 일본은 서로 앞다퉈 중국과 여러 관계를 맺었는데 심지어 남조와 북조를 향해 동시에 호의를 표시하기도 했다. 중국의 남조와 북조도 모두 누가 오든 거절하지 않았으며 가능한 한 상대방과 중국의 다른 쪽이 왕래하는 것은 저지했다. 고구려, 신라, 백제, 일본도 마찬가지로 그런 배타적 연맹 관계를 맺기를 희망했다. 남북조와 삼국과 일본은 그렇게 동아시아의 변화무쌍한 국면을 형성했다.

엄격히 말해서 거기에는 무슨 도덕이나 정의의 문제는 존재하지 않았다. 남조든 북조든 삼국이든 모두 이익에만 이끌렸고 공격하는 쪽은 하

8 『후한서』「동이전」, 『삼국지』「동이전」, 취롄중崔連仲 주편, 『세계통사·고대권』 참조.

나같이 상대가 오랫동안 분열되어 자기가 집어삼킬 수 있기를 바랐다.

수문제가 남조를 멸한 것이 그 균형을 깨뜨렸다.

먼저 불안을 느낀 나라는 고구려였다. 어렵사리 독립을 이룬 발전도 상국으로서 그들은 강대한 통일 제국과 국경을 마주하게 된 것이 결코 축하할 일이 아님을 명확히 인식했다. 만약 상대가 남쪽의 신라나 백제와 손을 잡는다면 자신은 치명적인 재난을 맞이할 게 뻔했다.

중국의 혼란과 분열을 이용해 한몫 보는 시대는 지나갔다. 앞뒤로 적을 두게 된 고구려는 반드시 동맹군을 찾아 생존을 도모해야 했다.

그들은 동돌궐이 떠올랐다.

대업 3년(607) 6월, 수양제가 북쪽 변경을 순행할 때 고구려의 사신도 그곳에 도착했다. 계민 카간은 감히 숨기지 못하고 황제에게 그 일을 알렸다. 수양제는 정신이 번쩍 들었다. 고구려가 만약 동돌궐과 손을 잡고 거란, 말갈의 무리까지 협박해 끌어들인다면 틀림없이 제국에 엄청난 위협이 될 것이라는 생각이 들었다.[9]

그 시한폭탄을 제거해야만 했다.

이 점을 알고 나면 수양제가 왜 돌연 그 "예의도 모르는" 일본 사절단에게 태도를 바꾸었는지 이해할 수 있다. 실제로 바로 그해에 오노노 이모코가 와서 국서를 전달했으며 그 이듬해 4월에 수양제는 사신을 보내 일본을 답방하게 했다. 또한 고구려의 동향을 파악한 뒤, 재상 고경을 죽였다.[10]

---

9 이 일은 『수서』 「배구전」에 나온다. 위의 각 문단 내용은 위안강, 『수양제전』 참조.

10 『자치통감』 180권 참조. 하지만 『자치통감』은 계민 카간이 수양제에게 고구려 사신이 왔다고 알린 일을 기록하지 않았다. 수양제의 돌궐 순행 일정에 따르면 고경은 틀림없이 그 후에 죽었을 것이다.

고구려는 아무것도 제때 성사시키지 못한 채 꼼짝없이 중국 제국의 눈엣가시가 되었다. 668년, 신라가 당나라의 도움으로 백제를 겸병한 지 8년 만에 고구려도 나당 연합군에 의해 멸망했다. 그때 당고종은 이미 병환으로 정사에서 손을 뗐고 대신 황후 무측천이 조정을 관장하고 있었다.

무측천이 소홀하게 일처리를 할 리는 없었다. 언제 그녀가 우유부단한 적이 있었던가?

백제와 고구려가 망하던 날, 그들의 역사적 공적을 되새긴 이가 있었는지는 알 수 없다. 하지만 어쨌든 불교는 먼저 전진前秦을 통해 고구려에 전해졌고 다시 고구려를 통해 신라에 전해졌다. 백제는 중일 문화 교류의 통로가 되기도 했다. 일본인이 한자를 익히고 훗날 그것을 빌려 히라가나와 가타카나를 창조한 것은 백제의 박사 왕인王仁이 『논어』와 『천자문』을 일본에 가져갔기 때문이었다.[11]

의심의 여지 없이 두 나라의 공헌은 여기서 그치지 않는다. 백제와 고구려가 없었다면 한자를 매개로 한 동아시아 문명권은 존재하지 않았을 것이다. 우리는 성공과 실패로만 영웅을 논해서는 안 되며 그들을 잊어서도 안 된다.

고구려와 백제는 영원히 역사에 남을 것이다.

---

11 불교가 전진에서 고구려로 전래된 시점은 동진 함안咸安 2년(372)이고 백제에서 일본으로 전래된 시점은 남량 승성承聖 원년(552)으로 추정된다. 그리고 한자 초서의 편방偏旁으로 히라가나를 만든 사람은 학문승 구카이, 한자 해서의 편방으로 가타카나를 만든 사람은 유학생 기비노 마키비라고 알려져 있다. 왕중궈王仲犖, 『수당오대사』 참조.

밀입국자

당무종 개성 4년(839) 4월 5일, 일본으로 가는 배 한 척이 해주海州(지금의 장쑤성 롄윈강連雲港)에 정박했다. 그런데 원래 일본으로 돌아가야 하는 한 일본 승려가 세 명의 시종을 데리고 몰래 하선할 줄은 아무도 몰랐다. 당시 그 승려는 대담하면서도 경솔한 결정을 내렸다. 당나라에 남아 불법체류를 하기로 한 것이다.

그 승려는 바로 엔닌圓仁 법사였다.[12]

엔닌은 일본 불교 천태종 산몬파山門派의 창시자로서 사후에 세이와清和 천황에게서 자각대사慈覺大師라는 시호를 받았다. 그는 오늘날 대단히 유명한 인물이 되었지만 당시에는 일본 사절단을 따라 당나라에 들어간 청익승請益僧에 불과했다. 청익승은 학문승學問僧과 마찬가지로 당나라에 불법을 배우러 간 승려였다. 다만 학문승은 유학생 신분으로 당나라에 장기 체류할 수 있었지만, 청익승은 사절단을 따라갔다가 다

---

12 엔닌의 이야기는 모두 게가사와 야스노리, 『빛나는 세계 제국: 수당시대』 참조.

시 사절단을 따라 돌아와야 했다. 비자 기한이 정해진 일종의 방문학자였던 셈이다.

엔닌의 스승인 사이초最澄도 옛날에 청익승이었다. 그는 귀국할 때 임해臨海의 용흥사龍興寺에서 『법화경』 등 불경 128부 345권을 가져갔고 왕희지 같은 대가들의 비첩碑帖과 탁본 17종도 몸에 지니고 돌아갔다. 그래서 정식으로 일본 불교 천태종을 창립할 수 있었다. 하지만 안타깝게도 사이초는 함께 당나라에 갔던 진언종眞言宗의 창시자 구카이空海 법사처럼 장안에서 정통 밀교密敎를 배우지는 못한 탓에 훗날 일본 천태종의 세를 확장하는 데 어려움을 겪었다.[13]

당나라에 간 엔닌은 그 결함을 보완하고자 했다.

그러나 불행히도 엔닌이 양주揚州에 도착한 뒤, 당국은 그로 하여금 개원사開元寺에서 산스크리트어만 공부하게 하고 관내를 한 발자국도 못 벗어나게 했다. 그는 스승이 방문했던 천태종의 성지 천태산天台山에도 꼭 참배를 가고 싶었지만 역시 허락을 얻지 못했다. 그랬으니 장안으로 공부를 하러 가는 것은 더 어려운 일이었다. 엔닌은 중국에 온 목적을 한 가지도 못 이루게 되었다.

귀국을 코앞에 두고 그는 어쩔 수 없이 스스로 밀입국자가 되었다.

밀입국에는 위험이 뒤따랐다. 실제로 엔닌은 하선한 뒤, 현지인에게 신분이 들통나서 관부에 의해 다시 배로 호송되었다. 그러나 엔닌은 포기하지 않았다. 6월 7일, 그가 탄 견당사遣唐使의 배가 적산포赤山浦(지금

---

13 게가사와 야스노리의 『빛나는 세계 제국: 수당시대』에 따르면 사이초와 구카이는 당덕종 때인 804년에 함께 견당사의 배를 타고 중국에 들어갔다고 한다.

의 산둥성 원덩文登 칭닝향靑寧鄕 츠산촌赤山村)에 정박하자, 그는 이튿날 또 배에서 내렸다.

운 좋게도 그는 신라인의 사원에 몸을 숨겼다.

신라는 일찍부터 중국과 왕래가 있었으며 한반도의 주인이 된 뒤에는 왕래가 더 잦아졌다. 더욱이 유교 경전이 신라 국학의 시험 과목이었기 때문에 많은 귀족 자제가 장안에 가서 유학생이 되었다. 그중 최치원 같은 사람은 성적이 탁월해서 18세에 진사가 되었으며 그가 쓴 『계원필경桂苑筆耕』은 지금까지도 전해지고 있다.[14]

두 나라는 해상무역도 매우 활발했다. 물류를 담당하는 상선이 지금의 산둥반도, 장쑤 연해와 한반도 그리고 일본 열도 사이를 짐을 가득 싣고 오갔다. 그 상선들은 화물선이자 여객선이었으며 엔닌이 탄 배는 일본 견당사가 고용한 신라 배로서 모두 9척이었다.[15]

그것은 확실히 국제화된 방식이었다.

그와 동시에 적지 않은 신라인이 중국 연해 지역에 거주지를 조성했는데 그것을 신라방新羅坊이라고 불렀다. 엔닌이 두 번째로 상륙한 적산포는 바로 신라인의 촌락이었으며 그가 몸을 숨긴 적산법화원赤山法華院도 신라인이 세운 불교 사원이었다. 그리고 그 사원을 세운 사람은 신라 교민들의 수령, 장보고였다.[16]

장보고는 보통 사람이 아니었다.

국제무역을 통해 부를 축적한 장보고는 정치적인 두뇌와 군사적인

201

---

14 판원란范文瀾, 『중국통사』와 젠보짠翦伯贊, 『중국사강요』 참조.

15 게가사와 야스노리의 『빛나는 세계 제국: 수당시대』에 따르면 그 9척의 상선은 일본 견당사가 초주楚州(지금의 장쑤성 화이인시淮陰市와 화이안시淮安市 일대)에서 고용했다고 한다.

16 장보고張保皐의 신라 이름은 궁복弓福, 일본 이름은 조호코ちょうほこう였다. 일부 사적이 『신당서』 「신라전」에 나오고 두목도 「장보고정년전張保皐鄭年傳」을 남겼다.

재능도 뛰어나서 국내 정치에 깊이 관여하는 한편, 탄탄한 배경과 군사력 그리고 인맥까지 갖췄던 풍운아였다. 엔닌이 그의 사원에 들어간 것은 청말과 민국 시기에 상하이탄의 조계지에 들어가 유력자의 보호를 받게 된 것과 마찬가지였다.[17]

확인된 바에 따르면 8개월 뒤, 엔닌은 지방정부가 발급한 통행증을 받아 밀입국자에서 합법적인 여행자로 바뀌었다. 엔닌의 신분을 바꿔주려고 상부와 소통한 사람은 현지 정부 파견기관의 말단 관리였다. 원래 그는 신라 교민들과의 협조와 연락 업무를 담당했는데 관직명은 '구당신라압아勾當新羅押衙'였다.

한 일본인의 소망이 그렇게 신라인과 중국인의 도움으로 실현되었다. 그것이야말로 진정한 국제 합작이었다.

새 신분을 얻은 엔닌은 바라던 대로 천태산에 참배를 하러 갔고 그 다음에는 장안에 가서 5년 가까이 공부에 매진했다. 당시 그의 경험은 한문으로 쓴 『입당구법순례기入唐求法巡禮記』에 서술되어 있다. 많은 사람이 이 책을 현장법사의 『대당서역기大唐西域記』와 마르코 폴로의 『동방견문록』과 나란히 이야기하지만 진정으로 비교 가능한 것은 역시 현장과 엔닌이다.

그렇다. 현장도 밀입국자였다.

사실 현장은 서쪽으로 떠날 때 그 여행에 관해 당국에 신청만 했지 허가는 받지 못했다. 그가 떠난 뒤, 당국은 막으려고 나섰지만 막지 못 **202**

---

17 2004년, 한국 KBS에서 150억 원을 들여 장보고의 일생을 다룬 51부작 드라마 「해신」을 방영했다. 「대장금」보다 투자액이 컸으며 한국과 중국에서 모두 좋은 반응을 얻었다.

했다. 막지 못한 것은 당연히 누가 도와줬기 때문이었고 그중에는 제국의 관리도 있었다. 일설에 따르면 현장이 낮에는 숨고 밤에는 걸어 과주瓜州(지금의 간쑤성 안시安西)에 도착했을 때, 과주자사 독고달獨孤達은 기뻐하며 잔치를 열어 그를 환대했다고 한다. 그런데 관리 이창李昌만 홀로 미심쩍어하며 그에게 물었다.

"여기, 양주涼州(지금의 간쑤성 우웨이武威)에서 급히 보내온 문서가 있는데 멋대로 국경을 넘은 현장을 체포하라는군요. 혹시 법사님이 그 현장인가요?"

현장은 뭐라고 대답해야 할지 몰랐다. 이창이 또 말했다.

"법사님이 사실대로만 말씀해주시면 제가 돕겠습니다."

현장이 말했다.

"빈승이 바로 현장입니다."

이창은 그 문서를 찢고 말했다.

"법사님, 어서 떠나십시오!"

현장은 그제야 계속 서쪽으로 걸음을 재촉할 수 있었다. 여전히 길은 험난했지만 이오伊吾에 도착하자 사정이 한결 나아졌다. 고창왕이 그곳까지 사람을 보내 맞아주었기 때문이다. 그들의 감동적인 이야기는 제4장에서 이미 언급한 바 있다. 그것은 종교의 힘이 국경을 초월한다는 사실을 증명해준다.

203   그 후의 여정은 줄곧 파란불이었다. 당시 서역 각국은 불교를 믿었

고 고창왕이 현장에게 통과증뿐만 아니라 후한 예물까지 선사했기 때문이다. 현장법사는 그때부터 합법적인 여행자가 되었다.[18]

현장과 엔닌은 실로 처지가 흡사했다!

다만 한 사람은 나가기가 힘들었고, 한 사람은 들어오기가 힘들었다. 그렇다고 당시 중국 제국이 보수적이고 폐쇄적이었다는 결론을 내릴 수는 없다. 거꾸로 대외개방은 수당의 기본 국책이었고 그것은 수양제 때 이미 정해졌다. 그리고 사실상 수양제의 장려에 힘입어 일본 사신 오노노 이모코의 2차 중국 방문이 이뤄졌다. 이번에 그는 유학생과 학문승을 각 네 명씩 데려왔으며 한문으로 적은 국서의 첫마디는 "동쪽의 천황이 서쪽의 황제에게 고하오東天皇敬白西皇帝"였다.

그것은 일본이 최초로 천황의 명의로 중국에 보낸 국서였다고 한다.[19]

이에 대해 중국의 사서에서는 한 마디 언급도 없으며 이후 두 나라의 대화도 별로 진전이 없었던 것 같다. 그러나 일본인의 열정은 늘어만 갔다. 정관 4년(630) 8월, 즉 당태종이 천카간이 된 지 4, 5개월 뒤 일본은 처음으로 견당사를 파견했고 그들 일행은 장안에서 꼬박 2년을 머물렀다.[20]

그 후로도 견당사의 파견은 계속 이어져서 당나라 때만 도합 19번에 달했다. 일행의 인원이 가장 많았을 때는 당문종唐文宗 태화太和 8년(834)이었는데 651명이었고 그다음은 당현종 개원 20년(732)과 개원

204

18 『대당대자은사삼장법사전』 참조.

19 이 일은 『일본서기日本書紀』에 나오며 위안강의 『수양제전』 참조.

20 이때 사절단을 이끈 사신은 이누카미노 미타스키犬上御田鍬였으며 정관 4년 8월에 출발해 정관 6년 8월에 귀국했다.

4년(716)으로서 각기 594명과 557명이었다. 그들 중 다수는 중국 땅을 밟았지만 중간에 조난을 당하거나 객사해서 사랑하는 조국에 못 돌아간 이들도 있었다.[21]

그렇게 많은 일본인이 왜 위험을 무릅쓰고 당나라에 가려 한 걸까? 공부와 교류를 위해서였다.

실제로 견당사 일행의 인원이 많았던 것은 유학생과 학문승이 따라갔기 때문이었다. 그들 중 누구는 학업을 마치고 귀국해 일본 문명에 공헌했는데 가타카나를 만든 기비노 마키비吉備眞備가 그 예이고, 또 누구는 중국에 정착해 중일 친선의 가교가 되었는데 당나라의 관리가 된 아베노 나카마로阿倍仲麻呂가 그 예다. 그리고 앞에서 언급한 구카이와 사이초처럼 귀국해 종파를 창립한 고승도 있었다.

이 지점에서 종교가 거대한 존재감을 드러냈다. 특히 불교가 가장 일본인의 정신을 사로잡았다. 오노노 이모코는 자신들이 중국의 '보살 천자'가 불법을 중흥시켰다는 이야기를 듣고 정중히 배우기 위해 중국에 온 것이라고 명확히 밝힌 바 있다.[22]

사실 당나라 때 성행한 외래 종교는 불교뿐만이 아니었다. 천교祆教(배화교拜火教라고도 하며 조로아스터교를 뜻한다), 경교景教(기독교의 네스토리우스교), 마니교, 심지어 이슬람교도 있었다. 그들은 당나라의 도읍과 다른 주요 도시에 사원을 짓고 신도를 모집했는데, 당나라 정부는 그들을 보호해주었을 뿐만 아니라 그들의 지도자에게 관직을 주거나 그 관직

21 왕중뤄, 『수당오대사』 참조.
22 『수서』 「왜국전」에 나온다.

과 동일한 등급의 대우를 해주기까지 했다.[23]

확실히 그것은 세계성을 띤 개방주의였다. 그리고 수당의 세계적 문명은 여러 나라 사람들이 공동으로 창조했다고 말할 수 있다.

하지만 문명의 중심은 장안에 있었다.

23 상다, 『당대 장안과 서역 문명』 참조.

국제도시

당나라의 장안은 세계의 수도였다.

이 칭호가 어울리는 곳은 장안을 빼고는 아마 고대 로마뿐이었을 것이다. 그러나 장안은 서구의 여러 도시처럼 광장을 중심으로 방사상으로 길이 깔려 있지는 않았다. 총면적이 로마의 7배에 달했던 장안은 네모반듯했다. 선비족 천재 발명가 우문개가 설계하고 나중에 당나라인이 계속 확충한 그 도시는 매우 전형적으로 중국 제국의 기상과 위엄을 표현했다.

그러면 장안에 들어가보기로 하자.

장안성 북쪽의 정중앙에는 황가에 속하는 궁성宮城이 있었다. 그 안에는 또 황제의 태극궁太極宮, 태자의 동궁東宮, 궁녀들의 액정궁掖庭宮, 궁정 사무처에 해당하는 내시성內寺省이 있었다. 그리고 궁성 남쪽은 황성皇城이었는데 태묘太廟와 사직단社稷壇이 있고 또 중서성, 문하성, 상

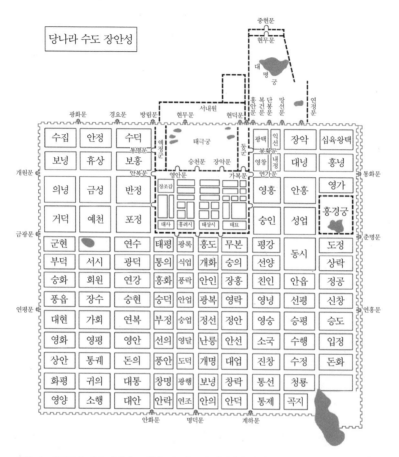

그림 속 태극궁이 먼저 지어졌고 대명궁은 나중에 지어졌다. 훗날 대부분의 황제가 거주했던 대명궁은 동내東內라고도 불렸고 태극궁은 서내西內라고 불렸다. 푸시녠傅熹年 주편, 『중국고 대건축사』 제2권 참조.

서성 같은 중앙정부의 고급 관서도 있었다.

그것은 제국 정치의 중심이었다.

제국 정치의 중심을 구성하는 궁성과 황성은 서로 면적이 비슷했으며 동서 양측이 가지런하고 모두 반듯한 장방형이었다. 황성 북쪽에 담이 없어서 궁성과 황성은 300걸음 너비의 옆길을 사이에 두고 떨어져 있었으며 옆길 북쪽은 궁성의 남문인 승천문承天門이었다. 중요한 명절이 있을 때마다 조정에서는 이곳에서 의식을 열었고 외국 사절단과 소수민족 추장의 접견도 이곳에서 행했다. 오늘날 베이징의 톈안먼 광장에 해당했다.

궁성의 남문인 승천문에서 출발해 황성의 남문인 주작문朱雀門을 거쳐 장안 남문인 명덕문明德門에 도착하면 주작대가朱雀大街 또는 천가天街라고 불리던 곧은 대로가 나왔다. 천가는 너비가 150미터였고 양쪽 끝에 인도와 배수로가 있었으며 아름다운 버드나무도 가지런히 심어져 있었다. 여기를 중심축으로 삼아 장안성은 동서 대칭의 구조를 이뤘는데 동쪽의 만년현萬年縣과 서쪽의 장안현長安縣은 모두 경조부京兆府에 속했다.

천가 양측에는 각기 남북으로 뻗은 5갈래의 도로가 있었고 동서로 뻗은 14갈래의 길과 종횡으로 교차해 궁성과 황성 이외의 지역을 111개의 격자로 나누었다. 동시東市와 서시西市를 제외한 나머지 네모난 격자들은 모두 거주지였는데 동쪽이 54개, 서쪽은 55개로서 방坊이라고 불렸다.

방은 독립성과 폐쇄성이 매우 강했다. 그것들은 모두 담장과 문이 있었는데 큰방의 문은 4개, 작은방의 문은 2개였으며 하급 관리인 방정坊正이 아침에 문을 열고 저물녘에 문을 닫았다. 각 방 사이의 남북 간 거리는 모두 40미터 전후였고 방 안에는 각 집으로 통하는 거리와 골목이 있었다. 장안성 안에는 그렇게 큰 규모의 방들이 바둑알처럼 촘촘히 분포되어 사람들을 놀라게 했다. 하지만 당시 성의 총면적이 84제곱킬로미터에 달해, 오늘날 시안西安에 남은 옛 성의 9배였던 것을 감안하면 그리 붐비는 느낌은 안 들었을 것이다.[24]

하지만 정말로 "수많은 집은 바둑판 같았고, 열두 거리는 채마밭 같았다百千家似圍棋局, 十二街如種菜畦."[25]

낙양성의 구조도 대동소이해서 역시 수많은 격자의 집합체였다. 다만 궁성과 황궁이 서북쪽 모서리에 치우쳐 있고 길과 방이 장안보다는 적었다. 두 성을 비교하면 그래도 장안이 더 제국의 수도 같았다.

어떤 의도로 이런 구조를 만들었을까?

그 의도는 장안을 보면 더 명확히 나타난다. 즉, 황제가 북쪽에서 남쪽을 바라보며 중앙정부를 통해 천하에 군림하는 구도다. 그리고 사농공상 등의 백성이 영수와 최고 권력의 주변을 둘러싸고 있는 것은 하늘의 별들이 북극성을 중심으로 돌고 있는 것과 같다. 통일된 구조와 배치는 통일된 국가가 통일된 의지와 관리체계를 갖춰야 하는 것을 의

24 위의 내용은 왕중뤄, 『수당오대사』와 게가사와 야스노리, 『빛나는 세계 제국: 수당시대』 참조.
25 백거이, 「등관음대망성登觀音臺望城」 참조.

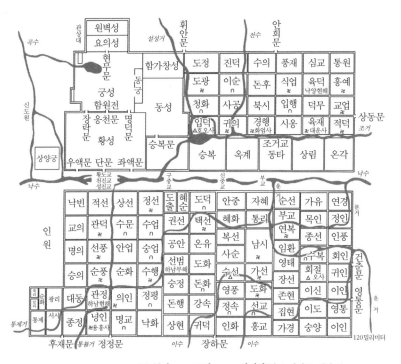

수당의 낙양성

卍 : 불사 , ∩ : 도관 , △ : 삼이사(경교, 마니교, 배화교)

수당의 낙양성은 궁성을 도읍의 지세에서 가장 높은 서북쪽에 배치하여 하늘의 중앙에 있는 북극성을 상징하게 했다. 그래서 수당 낙양성의 궁성은 다른 말로 '자미궁紫微宮'이라 불렸다. 푸시녠 주편,『중국고대건축사』제2권 참조.

미했다. 중앙집권적 대제국의 정치 이념이 일목요연하게 표현되었던 것이다.

그런 구조는 심지어 혼혈 왕조의 스타일을 구현하기도 했다. 그 바둑판 같은 구조는 서주의 정전제井田制를 상기시키고 하나하나 스스로 체계를 이룬 방들은 또한 호인들의 부락을 연상시킨다. 물론 우문개가 그런 생각을 했는지는 확신할 수 없지만, 정말로 그랬다면 그것은 정전과 부락의 도시화였다.[26]

틀림없이 그것은 넘치는 재능과 넓은 도량을 필요로 했다.

재능은 우문개에게 속했고 도량은 이세민에게 속했다. 아직 정권이 안정되지 않았던 정관 초기에 이세민이 투항한 돌궐인들을 1만 호 가까이 장안에 살게 한 것은 단지 도시의 수용 능력만 감안해 내릴 수 있는 결정이 아니었다. 그 후, 이 황제는 나라가 부강해지면서 손이 더 커졌다. 통계에 따르면 성당 시기 홍려시의 국빈관에는 수십 개 나라와 민족의 사절이나 대표가 묵었으며 어떤 사람은 임무가 끝났는데도 안 돌아가고 수십 년을 눌러살았다고 한다. 그 비용은 전부 홍려시가 부담했다.

그러나 당 제국은 안사의 난 이후로는 그 비용을 더 감당할 수 없게 되었다. 이에 재상 이필李泌은 물자 공급을 끊으라는 명령을 내렸고 사절들은 바로 정부에 고발장을 넣었다. 하지만 이필은 끄떡도 하지 않고 그 사람들을 불러 꾸짖었다.

---

26 게가사와 야스노리는 북위, 북주와 수당이 모두 선비족이 주류를 이룬 정권이었고 우문개도 선비족이었으므로 바둑판 모양의 방제坊制에 북방 유목민족의 관점이 반영됐다고 봐도 이상하지 않다고 생각한다. 이 책은 북주가 주나라 제도의 회복을 표방했으므로 정전제를 반영했다고 봐도 역시 이상하지 않다고 본다.

"하늘 아래 당신들 같은 외교관이 어디 있단 말인가? 회흘을 거치거나 뱃길을 택해 귀국하라. 정 남고 싶으면 당나라를 위해 일하고 봉록을 받든가. 어디 두고 보겠다!"

아무도 떠나려 하지 않자 이필은 그들을 황궁 예하 부대인 신책군神策軍에 편입시켰다. 그 결과, 황궁은 병력이 늘었고 홍려시는 매년 접대비 50만을 아끼게 되었다.

동시와 서시, 두 시장의 상인들도 그 일에 갈채를 보냈다.[27]

그 두 시장은 장안의 상업 구역이었다. 대체로 동시는 국내무역의 중심이었고 서시는 국제무역의 중심이었다. 진귀한 보물부터 자질구레한 일상용품까지 온갖 상품을 동서 두 시장에서 구입할 수 있었다. 그러다가 언제부터인가 물건을 산다는 말이 '동서'를 산다는 말로 바뀌었다. 오늘날 중국어에서도 '동서東西'는 물건을 뜻하는 단어인데(현대 중국어 발음으로는 '둥시'다), 결국 '동서'는 원래 동서 두 시장에서 사온 물건을 뜻하는 말이었을 것이다.

그런데 사절과 대표들이 군에 편입된 것을 상인들은 왜 기뻐했을까?

그 '외국 손님'들이 툭하면 와서 외상을 했는데도 '외교 관계' 때문에 독촉을 하기가 불편했기 때문이다. 사실 사절과 대표들이 외상을 했던 것은 국가 재정이 위태로워 홍려시의 보조금이 제때 안 나왔기 때문이었다. 당나라가 외국 손님에게 지불을 미루면 외국 손님은 가게에 지불을 미뤘다. 하지만 가게는 나라를 상대로 그럴 수가 없었으니 연일 앓

27 『자치통감』 232권에 나오며 왕중뤄, 『수당오대사』 참조.

는 소리를 낼 수밖에 없었다.

하지만 그것은 동란이 끝난 뒤의 혼란한 현상일 뿐이었다. 성당 시기의 장안은 그래도 화려하고 번화했다. 어느 이야기를 보면 당현종 천보 9년(750), 정육鄭六이라는 사람이 거리에서 절세미녀와 마주쳤고 두 사람은 첫눈에 반해 함께 뜨거운 밤을 보냈다고 한다. 그런데 이튿날 아침, 그는 방문坊門에서 떡을 파는 호인과 이야기를 나누고서야 자기가 사랑에 빠진 미녀가 여우귀신이라는 것을 알았다.[28]

그 아름답고 착한 여우귀신은 이민족 여성의 예술적 형상이 아니었을까?

사실 여우귀신이 장안에만 있었던 것은 아니었다. 국제화된 다른 도시들, 예를 들어 낙양, 양주揚州 그리고 하서주랑河西走廊(동쪽 오초령烏鞘嶺에서 시작해 서쪽 옥문관에 이르는, 약 900킬로미터 길이의 좁고 긴 평지. 황허강의 서쪽에 있어서 '하서'라 명명되었다)의 양주涼州(우웨이), 감주甘州(장예張掖), 숙주肅州(주취안酒泉), 사주沙州(둔황)에도 있었다. 서북쪽의 그 도시들에서는 불교가 낙타 방울 소리를 따라 인도어, 페르시아어, 소그드어, 돌궐어, 토번어로 각 민족 사이에 널리 전파되었다.

가장 전형적인 곳은 역시 광주廣州였다.

광주는 손권 시대부터 중국의 중요한 통상 항구가 되기 시작했고 당나라 때에 와서는 한층 더 이민족 상인들이 운집했다. 감진鑑眞 법사는 페르시아, 인도, 스리랑카와 남해 및 동남아시아 각국의 상선들을 보 214

---

28 당나라 심기제沈旣濟의 『임씨전任氏傳』에 나온다.

왔다. 사산 왕조가 멸망한 뒤로 아랍인이 더 많아지기도 했다. 그러나 아랍의 배는 여전히 페르시아의 배로 불렸고 인도양에서 통용되던 말도 페르시아어였다. 이는 육로에서 소그드어가 통용되던 것과 마찬가지였다.[29]

각국의 선박들이 광주항에 꽉 들어찼다.

당나라는 존중과 보호와 우대의 정책을 제공했다. 그 호상胡商들은 자신들끼리 번방蕃坊에 머물렀고 번방의 책임자를 통해 관청의 관리를 받았다. 그들은 자신들의 종교와 풍습을 유지해도 된다는 허락도 받았는데 심지어 일정한 자치권까지 얻어 내부의 갈등을 처리했다. 그래서 건물의 스타일도 전부 아랍식이었다. 남방의 풍경에 이국적인 분위기가 더해져 대단히 매혹적이었다.

한족과 이민족을 똑같이 사랑한다는 당태종의 주장이 충분히 현실화됨으로써 광주에 사는 외국인들은 당나라를 자기 나라로 생각했다. 그래서 황소黃巢의 군대가 쳐들어왔을 때, 그들은 자연스럽게 광주 방어전의 최전선에 섰다. 결국 12만의 외국인이 죽었는데 거기에는 무슬림, 기독교도, 유대인이 다 포함되었다.

종교 분쟁은 잠시 미뤄졌다. 그때 그들은 모두 당나라인이었다.

양주는 또 다른 풍경을 보여주었다. 경항 대운하로 부유해진 양주의 상징은 시인과 미녀 그리고 페르시아인이었다. 페르시아인들은 사산 왕조의 멸망 후 중국으로 도망쳐와 객지 생활을 했지만 하나같이 백만

---

29 감진 법사는 일본으로 건너갈 때 폭풍우에 밀려 광주까지 갔다. 이 부분의 원문은 『당대화상동정전唐大和上東征傳』 참조.

장자였다. 당시 위조 상품의 별칭이 '가난한 페르시아인'이었는데 한 마디로 페르시아인 중에는 가난한 사람이 없다는 뜻이었다. 그래서 호주머니가 가벼우면 "아름다운 춘삼월에 양주에 가기煙花三月下揚州"가 힘들었다. 상업도시의 밤은 사치의 극을 달렸다.[30]

그런 까닭에 두목은 양주에서의 10년을 잊지 못했고, 장원을 두고 다퉜던 서응과 장호도 다시 양주에 관한 시로 승부를 겨뤘다. 장호는 "거리와 시장이 십 리나 이어졌고, 달 밝은 밤에 다리에 서서 신선을 보네十里長街市井邊, 月明橋上看神仙"라고 했고 서응은 "천하의 달 밝은 밤이 셋으로 나뉘면, 둘은 할 수 없이 양주의 것이네天下三分明月夜, 二分無賴是揚州"라고 했다.

이번에도 장호는 서응에게 패한 듯하다.

이밖에 촉금蜀錦(오늘날 쓰촨 지방에서 생산되던 채색 비단)이 많이 나던 익주益州(청두成都), 중계지이자 집산지였던 홍주洪州(난창南昌) 등도 다채로운 곳이었다. 그 도시들은 물론 저마다 특색이 있었지만 한 가지 공통점은 역시 거리에 호인이 가득했다는 것이다.[31]

그렇다면 대체 무엇이 세계 각국의 상인, 은행가나 고리대금업자, 외교관, 학자, 탐험가, 선교사를 끌어들인 것일까? 단지 비단과 차, 손님의 마음을 잘 헤아리는 기루의 여자들 때문이었을까?

물론 그렇지는 않았다.

---

30 이상은李商隱은 『잡찬雜纂』「불상칭不相稱」에서 "가난한 페르시아인, 병약한 의원窮波斯, 病醫人"이라고 했다. 이는 의원이 비실비실하면 안 된다는 뜻이다. 페르시아인이 가난할 리가 없는 것처럼 말이다.

31 이상은 샹다의 『당대 장안과 서역 문명』, 왕중뤄의 『수당오대사』, 게가사와 야스노리의 『빛나는 세계 제국: 수당시대』를 종합적으로 참고.

문화의 항공모함

아베노 나카마로는 일본으로 돌아가야 했다.

중국 이름이 조형晁衡이었던 아베노 나카마로는 개원 4년(716)에 유학생으로 당나라에 왔다. 당시 그는 19세였고 그를 비롯해 함께 온 기비노 마키비와 학문승 겐보玄昉는 모두 희대의 인재였다. 국자감에 들어가 공부한 아베노 나카마로는 두터운 기대를 저버리지 않고 우수한 성적으로 바로 진사에 급제했다.[32]

이제 우리는 적어도 세 명의 외국인 진사를 알게 되었다. 차례대로 보면 일본인 아베노 나카마로, 신라인 최치원, 아랍인 이언승이다.

이것은 깊이 생각해볼 만하다.

앞에서 말한 대로 당나라의 과거에서 가장 시험 치기 힘든 과목은 진사였다. 명법明法, 명산明算 등의 다른 과목은 전부 전문 기술 요원을 선발했기 때문이다. 진사과는 제국의 고급 관리와 정치가가 될 인재를

217

---

32 아베노 나카마로阿倍仲麻呂는 아베 나카마로阿部仲麻呂라고도 하며 조형晁衡 역시 조형朝衡이라고도 한다. 이 부분은 따로 주를 달지 않고 판원란의 『중국통사』, 젠보잔의 『중국사강요』, 왕중뤄의 『수당오대사』, 게가사와 야스노리의 『빛나는 세계 제국: 수당시대』를 모두 참고.

뽑기 위해 설치되었다. 그래서 전문 기술을 평가하지 않았고 기본 소질과 종합적 능력에 대한 요구가 훨씬 높았다.

그러면 진사과는 무슨 시험을 봤을까?

첩경貼經, 잡문雜文, 시무책이었다. 첩경은 유가 경전에서 뽑은 일부 단락의 빈칸을 채우는 것이었고 잡문은 시와 변문騈文(주로 4자와 6자의 대구를 맞춰 쓰는 형식적 문체)을 쓰는 것이었으며 시무책은 현재 정치의 대책을 서술하는 것이었다. 첫 번째는 기초 지식의 점검, 두 번째는 재능과 기예의 확인, 세 번째는 학위논문에 해당했다. 이렇게 종합적으로 평가를 했으니 시험에 붙기 힘든 게 당연했다.

외국인에게는 한층 더 어려웠을 것이다.

하지만 아베노 나카마로는 단번에 합격했다. 그 후에는 장안에 남아 당나라의 관리로 수십 년을 살았다. 그러다가 천보 12년(753), 고향이 그리웠던 그는 현종에 의해 당나라 사신으로 임명되어, 오랜만에 재회한 지인이자 견당부사였던 기비노 마키비와 함께 귀국하기로 했다.

이 소식이 전해지자 조정과 민간에서 많은 이가 아쉬워했다. 한 시대를 풍미한 시인 왕유王維 등이 차례로 송별의 시를 써주기도 했다. 아베노 나카마로도 유명한 「함명환국작銜命還國作」을 써서 중국인 친구에게 주었다. "평생의 보검 한 자루를, 친구에게 선물로 남기네平生一寶劍, 留贈結交人"라는 내용이었다.[33]

이처럼 아베노 나카마로는 당나라에 깊이 융화된 상태였다.[34]

218

---

33 아베노 나카마로의 「함명환국작」은 나중에 송나라 때 편집된 『문원영화文苑英華』에 수록되었는데 이 책의 유일한 외국인 작품이기도 하다.

34 아베노 나카마로가 귀국할 때 배가 바람에 밀려 안남安南까지 갔다. 나카마로는 할 수 없이 당나라로 돌아왔고 당대종 대력 5년(770)에 장안에서 죽었다. 같은 해에 두보도 죽었다.

당시 나카마로 같은 외국인은 소수가 아니었고 그들이 당나라에 융화된 원인은 제각각이었다. 예를 들어 사산 왕조가 아랍 제국에 의해 망한 뒤 도망쳐온 페르시아 왕족은 나라를 되찾을 수 없어 부득이 장안에서 객사할 수밖에 없었다. 하지만 더 많은 이가 당나라에 와서는 떠나고 싶어하지 않았다. 홍려시 국빈관에 눌러앉은 사절들이 그 예였다. 하지만 모든 외국인이 다 그들처럼 당나라의 부양을 받은 것은 아니었으니, 다른 이들을 매료시킨 것은 또 무엇이었을까?

부, 기회, 제도, 문화였다.

이익을 좇는 상인들은 당연히 거액의 부나 돈 벌 기회를 노리고 온 것이었다. 그것은 사실 수양제에게 감사해야 하는 일이었다. 대운하의 개통 덕분에 육상과 해상의 두 갈래 실크로드가 관통되었다. 상인들은 광주항에 상륙해 매령梅嶺을 거쳐 홍주에 들어가서 다시 동쪽으로 전당강(쳰탕강)에 들어가면 순조롭게 항주에서 양주, 낙양을 거쳐 실크로드의 동쪽 기점인 장안에 이를 수 있었다.[35]

세계의 수도로서 장안은 국제무역의 대시장이었다. 이곳에 제국은 시국市局과 시준국市准局을 설치해 상공업 관리와 표준 계량을 책임졌고, 또 물가의 안정도 책임졌다. 박리다매의 정책은 소비를 자극했으며 싸고 안정적인 물가는 멀리서 온 외국 상인들이 더 큰 이익을 꾀할 수 있게 했다. 그래서 소그드, 페르시아, 아랍 위주의 외국 자본이 저절로 형성되었다.

---

35 이 노선은 상다, 『당대 장안과 서역 문명』 참조.

호인들의 상단은 대단히 전문적이어서 심지어 일부 업종을 조종하고 독점하기까지 했다. 한번은 어느 절에서 법회를 치르고 시주가 바친 보물 하나를 얻었는데 길이가 약 몇 치에 모양은 오래된 못 같았다. 그 절의 승려는 물건 보는 눈이 없어 그것을 가지고 서시에 가서 호상_{胡商}에게 감정을 의뢰했다. 호상은 척 보자마자 말했다.

"어디서 났죠? 값을 부르세요!"

승려는 눈 딱 감고 10만을 불렀다.

하지만 호상은 껄껄 웃었다. 승려가 가격을 50만까지 올린 뒤에야 그는 찬찬히 입을 열었다.

"말씀드리죠. 이건 1000만의 값어치가 있습니다."

거래가 성사된 후에야 승려는 그것이 부처의 유골임을 알았다.[36]

이 일의 진위는 알 도리가 없지만 그 호상이 얼마나 부자이고 장사 수완이 좋았는지는 짐작이 간다. 그들이 보기에 대외적으로 개방된 당나라는 그야말로 천국이나 다름없었다. 장안은 화수분이었고 양주는 지상낙원이었으니 그들은 당연히 넋이 빠져 고향에 돌아가는 것을 잊었다.

하지만 이것은 상인의 관점일 뿐이었다.

다른 이들은 공을 세울 기회가 있다는 것을 더 중시했다. 안사의 난 전까지 당나라는 세계 제국으로서 영웅주의의 분위기가 강했고 진취적이고 개적적인 정신으로 가득했다. 동시에 혼혈 왕조로서 종족을 구

---

36   단성식段成式, 『유양잡조酉陽雜俎』 속집 5권 참조.

분하지 않고 모든 인재에게 문을 활짝 열어놓았다. 그래서 대신으로는 천축인 가섭제迦葉濟가 있었고 명장으로는 고구려인 고선지가 있었으며, 외교관으로는 페르시아인 이밀예李密翳가 있었다. 그야말로 다양한 피부색의 인재가 한자리에 가득 모여 있었다.

수당이 창립한 제도가 자석과도 같았던 것은 그것이 당시 세계에서 가장 선진적이었기 때문이다. 그래서 그 제도들이 일본에 이식된 것이다. 장안성의 모양조차 거의 원형 그대로 나라奈良로 옮겨졌다.

사람들을 한층 더 매료시킨 것은 문화였다.

문화란 무엇일까? 문화는 바로 생활 방식이며, 당나라인의 생활은 흥미와 시적 정취로 가득했고 지식, 지혜, 재능을 숭상했다. 어떤 사람이 재주가 출중하고 풍류가 넘치면 수많은 추종자가 생겼다.

이를 잘 설명해주는 이야기가 있다.

당현종 개원 연간의 어느 날, 시인 고적高適과 왕창령王昌齡, 왕지환王之渙이 주루에서 가볍게 술을 마시다가 우연히 황궁 악단에서 노래 부르는 여자 몇 명을 보았다. 그때는 마침 엄동설한이었고 하늘에서 싸락눈이 날리고 있었다. 세 시인은 바깥방으로 몸을 피해 난롯불을 쬐며 노래를 듣다가, 여자들이 누구 시를 많이 부르는가를 따져 자신들의 시단에서의 순위를 매기기로 약속했다.

그런데 노래를 계속 들어보니 모두 왕창령의 시 아니면 고적의 시였다. 왕지환은 은근히 화가 나기 시작했다. 그는 가장 미모가 빼어난 여자를 가리키며 말했다.

"조금 있다가 저 여자가 내 시를 노래 부르지 않으면 평생 당신들과 경쟁하지 않겠소."

드디어 그 여자가 입을 열었다.

"황하는 멀리 흰 구름 사이로 올라가고, 외로운 성은 만길 높은 산에 있네. 강적羌笛 소리는 구태여 봄버들을 탓할 필요가 있나, 봄바람은 옥문관을 지나지 못하는데黃河遠上白雲間, 一片孤城萬仞山. 羌笛何須怨楊柳, 春風不度玉門關."

그 노래는 사람의 심금을 울리며 아름답게 울려 퍼져, 다들 가장 훌륭하다고 칭찬했다.

왕지환은 이 일로 그녀와 알게 되었고 유쾌하게 하루를 보냈다.[37]

이 이야기의 진위 역시 마찬가지로 고증하기 어렵지만 묘사된 분위기는 믿을 만하다. 실제로 황족의 애호와 과거제의 영향으로 시는 당나라 때 이미 일종의 생활 방식 및 교류 방식, 하나의 트렌드와 유행이된 동시에 상류사회의 신분적 지표와 통치계급의 집단적 교양이 되었다. 그래서 시인 두목도 양주의 유흥가에서 물 만난 고기처럼 활약할수 있었던 것이다. 그가 엄청난 부자도 아니었는데 말이다.

이것은 당나라의 수준 높은 문명을 증명해준다. 오직 문명이 고도로 발달한 국가에서만 시인이 숭고한 지위를 가질 수 있으며, 또 많은 이가 시를 쓰고 인재가 배출될 수 있기 때문이다. 뭇별 같은 그 명가들의 배 **222**

---

37 당나라 설용약薛用弱의 『집이기集異記』에 나온다.

후에는 틀림없이 훨씬 더 방대한 작가들과 독자들이 존재했을 것이다.

아베노 나카마로는 바로 그런 분위기에 매료된 게 아닐까?

아마도 그랬을 것이다.

실제로 확인된 바에 따르면 견당사는 매번 중국에 올 때마다 당나라인의 시를 대량으로 수집해 일본으로 가져갔고, 시를 읊고 부를 쓰는 것이 일본 황실과 고관대작의 필수 과목이 되었다. 당헌종, 당목종과 동시대를 살았던 헤이안시대의 사가嵯峨 천황은 당나라인과 비교해 전혀 손색없는 다음과 같은 시를 쓰기도 했다. "차디찬 강 봄날 새벽에는 조각구름뿐 하늘은 맑고, 양쪽 기슭에 꽃이 날려 밤이 더 밝네. 농어회, 순채국, 먹은 뒤 술 마시고 노래 부르며 달빛 이고서 가네寒江春曉 片雲晴, 兩岸花飛夜更明, 鱸魚膾, 蓴菜羹, 餐罷酣歌帶月行."[38]

시 외에 조각, 회화, 서예, 악무 등도 있지만 일일이 다 열거할 수 없으므로 두 가지만 언급하고 넘어가기로 하자. 첫째, 중국의 독창적인 예술 형식인 서예가 일본과 신라에서도 대단히 유행했다. 일본의 사가 천황과 구카이 법사 그리고 신라의 최치원은 모두 후대에 명작을 남겼다. 둘째, 일본과 천축까지 전해진 당나라 악무는 서역 문화의 영향을 깊게 받았다. 사실 서역 악무는 장안에서 일찌감치 중국 악무를 압도하여, 호선무와 자지무柘枝舞(무용수가 모자 끝에 작은 방울을 달고 돌거나 뛰면서 그 방울 소리로 악사의 반주와 화음을 맞추는 춤)가 훨씬 더 상류사회의 사랑을 받았다. 무용수가 북소리에 맞춰 유연하게 허리를 돌리면 꽃잎에

---

38 이 시는 사가 천황이 장지화張志和의 「어부사漁父詞」를 모방해 지은 것으로 모두 5수이며 제목은 「잡언어가雜言漁歌」다. 이 작품과 신하 시게노 노사다누시滋野貞主의 5수는 모두 『경국집經國集』에 수록되었다.

빗방울이 듣듯 비단옷에 땀이 스몄으니, 서역 악무의 매력은 그야말로 끝이 없었다.

매력이 있으면 전파력이 있고 전파력이 있으면 생명력이 있게 마련이다.

당나라는 때맞춰 그런 교류와 전파의 장을 마련했으며 만족의 수요는 쌍방향이었고 수혜도 역시 쌍방이었다. 또한 외래문화는 당나라인의 시야를 넓혀주고 정신을 풍부하게 해주었으며 당나라의 제도와 문화는 다른 민족의 지혜를 깨우쳐주었다. 그래서 당나라는 거대한 문화의 항공모함이 되었다. 각 나라와 각 민족의 사절, 상인, 승려, 유학생이 거기에서 날아올라 중국의 문명을 동아시아, 중앙아시아, 서아시아, 남아시아, 유럽, 북아프리카로 전파했다.

한 세계 제국이 그렇게 세상에 우뚝 솟았다.

운명과 선택

처음부터 당나라는 세계를 지향했던 것으로 보인다.

그들의 도호부를 살펴보면 바로 알 수 있다. 정관 14년(640)에 교하에 안서도호부를 설치했고 총장 원년(668)에는 평양에 안동도호부를 설치했으며 이듬해에는 한해瀚海도호부를 안북安北도호부로 바꿨다. 그리고 조로調露 원년(679)에는 송평宋平(지금의 베트남 하노이)에 안남도호부를 설치했다. 동서남북에 전부 도호부가 생긴 것이다.

관할 국경은 일찌감치 중국의 판도를 넘어섰다. 남쪽으로는 베트남에 이르렀고 동쪽으로는 한반도에 이르렀으며 북쪽으로는 몽골과 러시아에 이르렀다. 서쪽으로는 카자흐스탄 동부와 동남부, 키르기스스탄 전역, 타지키스탄 동부, 아프가니스탄의 대부분, 이란의 동북부, 투르크메니스탄 동부, 우즈베키스탄의 대부분 지역에 이르렀다. 오늘날에는 다른 나라에 속한 그곳들을 당나라는 무작정 자신들의 세력 범위로,

심지어 영토로 간주했다.

이 정도면 당연히 세계 제국이 아니었을까?

그런데 이 모든 성과는 무후武后의 칭제 전에 완성되었다. 안서도호부의 설치부터 안남도호부의 설치까지 겨우 39년이 걸렸다. 이것은 대외 확장이 태종부터 무후까지 집권자 3대에 걸친 국책이었음을 충분히 설명해준다. 한 농업민족의 왕조가 뜻밖에도 그런 팽창의 야심을 품고, 또 그토록 빨리 그 야심을 실현한 것은 확실히 예사롭지 않다. 여기에는 과연 어떤 비밀이 숨어 있을까?

간단히 말해 세 가지 원인이 있었다.

우선 수당은 농업제국이기는 했지만 전적으로 농업민족이 세운 나라는 아니었다. 새 왕조를 세운 것은 혼혈 민족이었다. 수나라와 당나라의 황족과 중신들의 몸속에는 유목민족의 피가 흐르고 있었다. 조상 때부터 그들에게는 본분에 만족하는 습관이 없었다. 거꾸로 공격과 침략과 개척이 그들의 천성이었으므로 자신들의 옛 '초원'을 더 넓힌 것일 뿐이었다.

다음으로, 농업제국이라고 꼭 확장을 안 하는 것은 아니었다. 아시리아와 양한은 강한 확장성을 갖고 있었다. 양한의 차이는 단지 서한은 주로 북쪽을 지향했고 동한은 주로 남쪽을 지향한 데 있었다. 사실상 농업민족의 논리는 이랬다. 정착의 필요로 국가를 세웠으며 수리시설을 세우고 천재지변과 외적에 대응하기 위해 도시국가에서 영토국가로

226

변한 뒤, 결국 중앙집권적 대제국으로 발전했다.

제국이 건립된 후, 영토가 문제가 되었다. 인구가 증가한 후에는 토지도 문제가 되었다. 나라를 지키려 해도, 생산을 늘리려 해도 꼭 주변 국가들과 마찰이 생기고 전쟁이 뒤따랐다. 그래서 농업제국은 또 필연적으로 농업 군사제국으로 발전했고 변경 개척이 생존 유지의 유일한 방법으로 떠올랐다.

확장은 피할 수 없는 추세였다.

이 점은 농업제국과 유목제국이 동일했다. 다른 점이 있다면, 유목민족의 전쟁은 재물을 추구했고 농업민족의 전쟁은 토지를 추구했다. 한쪽은 동산을, 한쪽은 부동산을 원했으니 영토의 관리 방식도 판이했다. 유목 군사제국은 점령만 하고 다스리지는 않았고 또 주둔만 하고 개간은 하지 않았다. 그래서 이쪽 땅을 얻으면 저쪽 땅을 잃는 일이 허다했다. 여전히 풀을 먹이는 것만 알고 풀을 심을 줄은 몰랐던 것이다!

그러나 농업 군사제국의 정책은 개간과 국경 방어였다. 군대가 점령하는 곳마다 농민이 따라갔다. 그들은 확장이 황무지를 개간하는 것과 같다고 보았고 또 그렇게 봐야만 했다. 농업이 뒤따르지 않는 확장은 아무 의미도 없었다. 그래서 앞쪽이 거주하기에 부적합한 곳인 것 같으면 바로 병거兵車를 멈춰 세웠다.

이런 까닭에 농업제국의 확장은 이성적이고 한도가 있었다. 그들의 국경선은 안전선 안에 있었으며 토지의 수요가 충족되면 점령을 멈췄다. 그러나 유목제국의 확장은 비이성적이고 한도가 없었다. 그들의 국경선은 곧 자기 능력의 최대치였다. 달리 말해 그들은 완전히 지칠 때까지 점령을 멈추지 않았다. 그래서 그들의 역사는 회오리바람이나 태풍과도 같아서 순식간에 일어났다가 순식간에 사그라져 한바탕 어지러운 흔적만 남겼다.

이렇게 보면 당나라가 세계 정복의 야심을 품은 것은 전혀 이상하지 않다. 그런 야심을 안 가졌다면 오히려 비정상이었을 것이다. 그 작은 고구려도 군사 왕국으로 변신해서 중원의 내란을 틈타 남하해 확장을 했는데 하물며 한나라, 당나라처럼 강하고 통일된 나라는 어떠했겠는가? 서한의 명장 진탕陳湯이 "강대한 한나라를 침범한 자는 아무리 먼 곳에 있어도 반드시 죽여야 한다犯强漢者, 雖遠必誅"고 한 것은 구실이면서 또 사실이었다. 그런데 한나라와 당나라는 이런 어투로 말할 수 있었고 말한 것은 반드시 실행할 수 있었지만 고구려는 그러지 못했다. 그 이유는 또 무엇일까?[39]

문화의 우열 때문이었다.

그런데 문화에도 우열이 있을까?

일반적으로 성격과 성질 면에서 보면 문화에는 우열이 없다. 인류의 생존과 발전의 방식으로서 어떤 문화도 존재할 권리와 이유가 있다. 그래서 우리는 어떤 문화는 우등하고 어떤 문화는 열등하다고 말할 수 없다.

228

---

39 중국의 확장은 한계가 없었던 게 아니었다. 중당 때부터 중국 제국은 전체적으로 내향적·수축적인 성향을 보였다. 진취성과 개척성은 더 이상 시대의 주선율이 아니었으며 훗날을 기약해야만 했다.

토번문

돌궐문

회골문

범문

그런데 성질에는 우열이 없어도 형세에는 우열이 있다. 바꿔 말해 세계에는 우등한 문화나 열등한 문화는 없지만 우세인 문화, 열세인 문화는 있다. 우세면 확실히 우등하고 또 확실히 강세다. 열세면 꼭 열등하지는 않지만 확실히 약세다. 사람은 높은 곳으로 가고 물은 낮은 곳으로 흐르게 마련이다. 바로 이것이 여러 나라 중 하필 수당이 세계성을 띤 문명이 된 근본 원인이다.[40]

하지만 아직 문제가 남아 있다.

문제는 우세가 영원하지 않고, 또 우월성을 가졌다고 해서 꼭 세계성을 갖는 것은 아니라는 데 있다. 강줄기는 동쪽으로 30년 흐르다가 서쪽으로 30년 흐르곤 한다. 중국 문화는 어떻게 해야 장기적으로 우세를 유지할 수 있고 약세에 처한 다른 문화는 또 어떻게 처신해야 했을까?

동아시아 각국, 각 민족은 모두 선택을 해야 했다.

돌궐, 회흘, 토번은 굳게 지키는 쪽을 택했다. 그들은 중국어를 알고 한자도 읽을 줄 알았지만 공용어는 자기 것을 썼다. 돌궐문은 소그드에서 유래했고 회흘문은 돌궐에서 유래했으며 토번문은 인도 문자를 모체로 삼기는 했지만 어쨌든 자기 것은 자기 것이었다. 마찬가지로 중요했던 것은, 불교와 도교가 끝까지 돌궐 사회에 침투하지 못했고 회흘은 아예 마니교를 택했으며 토번은 인도와 중국의 불교를 동시에 도입해 지금까지 이어지는 독자적인 종교 체계를 세운 것이었다.

230

40 문화에는 양질과 저질의 구분은 없지만 우세와 열세의 구분은 있다는 것이 덩샤오망鄧曉芒 선생의 관점이다. 덩샤오망, 『서양철학의 특징-중국과의 대비西方哲學的特點-與中國對比』 참조.

이것은 이해하기 어렵지 않다.

확실히 당나라의 강세 앞에서, 토대가 빈약한 그들은 충분히 경각심을 갖고 진지를 굳게 지켜야 했다. 그래야만 고도로 발달한데다 강한 전파력까지 갖춘 한족 문명에 먹히지 않을 거라고 생각했다. 그런데 흥미롭게도, 똑같이 약세였던 일본과 신라는 적극적인 한화漢化의 문화 전략을 택했다. 일본 문자와 한글이 창제되기 전까지는 오히려 널리 한자를 사용하면서 중국 문명과 같은 문화적 표지를 갖지 못할까봐 두려워했다. 그들은 또 앞다퉈 중국 불교를 도입해 돌궐, 회흘, 토번과 대조를 이뤘다.

선택은 운명을 결정했다. 어떻게든 수당과 거리를 유지하려 했던 돌궐과 회흘은 역사의 무대에서 역할을 마치고 퇴장했으며 중국과 가깝지도 멀지도 않았던 토번은 고유의 특색을 지닌 채 훗날 중국의 소수민족이 되었다. 그리고 전면적 한화를 택한 일본과 신라는 결국 독자적인 발전의 길을 걸었다.[41]

당나라도 마찬가지로 선택을 해야 했다.

확실히 7세기의 당나라는 남에게 부러움을 살 만한 문화적 우세를 갖추고 있었다. 2000년 전 시작된 오래된 문명이 400년의 고난을 겪은 뒤, 오호와 선비족에게 신선한 피를 주입받아 농업민족의 신중함과 유목민족의 혈기를 겸비했다. 이는 과거의 양한보다 훨씬 우월했다. 이때 그들은 문을 닫아걸고 혼자 만족할 수도 있었고 국경 밖으로 뛰쳐

---

41 돌궐, 회흘, 토번, 일본, 신라의 선택과 운명에 관해서는 게가사와 야스노리, 『빛나는 세계 제국: 수당시대』 참조.

나가 엄청난 무력을 과시할 수도 있었다.

하지만 당나라는 개방과 포용을 택했다.

개방은 대외적인 것이었다. 누구든 들어와서 배우고 싶은 것을 배우고 갖고 싶은 것을 얻을 수 있었다. 포용은 대내적인 것이었다. 어떤 외래문화든 받아들였고 국민은 그것을 필요한 대로 취할 수 있었다. 제한도 없고, 차별도 없고, 틀도 없고, 계율도 없었다. 오직 넓고 큰 도량만 있었다.

그것은 자신감의 표현이었다.

역사학자들은 한 왕조와 국가가 정권이 불안하고 통치가 흔들릴수록 한층 더 대내적으로 압제를 가하고 대외적으로 배척을 강화한다는 사실을 발견했다. 정반대로 자신의 정권이 탄탄하고 자신의 문화가 풍부하다고 믿으면 모든 문을 활짝 열고 외래문화를 차별 없이 전부 받아들인다.[42]

당나라인에게 탄복하지 않을 수 없다. 그들은 우세했고 우월했지만 우월감은 없었다. 오히려 외래문화에 호기심을 표현했으며 평상심을 갖고 다른 민족을 대하면서 함부로 자신을 낮추지도 상대를 무시하지도 않았다. 그들은 어떤 문화도 자신들의 전통을 뒤집지 못하며 단지 양분이 될 뿐이라고 믿었기 때문이다. 동시에 문명은 사유재산이 아니고 천하의 모든 사람에게 속한다고 믿었다.

그것은 실로 대국의 풍모였다.

42 판원란, 『중국통사』 제4권을 참조.

이제 한 가지 결론을 내릴 수 있게 되었다. 농업제국은 원래 확장성이 있었으며 수당은 또 혼혈 왕조인데다 중국 문화의 우세까지 겸하여 개방적이고 포용적이었다. 이것이 바로 그들이 세계성을 띤 문명을 창조해낸 3대 원인이었다. 비잔틴, 아랍과 함께 3대 제국이 되기에 충분했다.

그렇다면 3대 제국은 또 어떤 이야기를 갖고 있을까?

옮긴이의 말

이중톈의 글쓰기 전략

다소 아이러니하게도, 번역자는 자기가 번역하는 외국어 텍스트의 글쓰기 전략에 관해 객관적으로 성찰할 여유를 갖기 힘들다. 이미 정해놓은 스케줄에 맞춰 정해진 번역량을 소화하는 데 급급하기 때문이다. 그래서 이 『이중톈 중국사』의 글쓰기 전략에 대해서도 무려 13권의 출간을 눈앞에 둔 지금에서야 비로소 그 고유한 특징을 짚어볼 마음을 먹게 되었다. 다행히 2017년 5월 11일, 이중톈이 어느 인터넷 사이트와 진행한 인터뷰가 직접적인 참고 자료가 돼줄 듯하다.

그 인터뷰에서 이중톈은 우선 자기가 중국사를 쓰게 된 동기를 짧게 밝혔다.

옛날 사람이 쓴 역사는 옛날 사람에게 보여주기 위한 것이었습니다. 그러면 지금 사람의 역사는 어디에 있을까요? 거의 없습니다. 그래서 우리에게는 현대인이 쓴, 중국 문명을 잘 정리한 중국사가 필요합니다.

설마 '지금 사람'이 쓴 '옛날 역사'가 거의 없지는 않을 것이다. 이중톈은 단지 자신을 만족시킬 만한 이상적인 중국사가 없다는 것이고, 그래서 자신이 그 중국사를 써보겠다는 '야심'을 품은 것이다. 그러면 그는 자신이 쓸 중국사를 차별화하기 위해 어떤 목표를 세웠을까? 인터뷰의 관련 내용을 정리해보면 대략 아래와 같다.

첫째, 그것은 충분히 통속적이어야 해서 현대적 담론 체계로 서술하여 독서에 장애물이 없어야 한다.

둘째, 그것은 충분히 재미있고 필력도 충분히 우수하여, 역사의 피와 살을 표현하는 동시에 유머러스해서 독자가 읽는 것을 차마 못 멈추게 해야 한다.

셋째, 그것은 충분히 설득력이 있고 저자가 충분한 학술적 수양을 갖춰서 고증이 강력하고 허튼소리가 없어야 한다.

넷째, 그것은 또 충분히 넓은 시야를 갖추고 중국 문명의 정신적 핵심을 종적으로 파고드는 한편, 중국 문명과 외국 문명의 차이를 횡적으로 비교해야 한다.

이 내용을 보고 나는 조금 소름이 끼쳤다. 번역 과정에서 내가 경험한 이중톈 글쓰기의 몇 가지 전략이 정확하게 위의 목표를 구현하기 위해서였다는 것을 실감했기 때문이다. 먼저 '가독성'과 관련된 첫 번째 목표는 간결하고 속도감 있는 문체로 도달하려 한다.

이 시리즈를 쓰는 과정에서 저 자신에게 부여하는 조건은 아주 깔끔해야 한다는 겁니다. 한마디로 쓸 것은 한마디로만, 한 칼로 끝낼 것은 한 칼로만 해결하려 하죠. 이 부분에 대한 제 생각은, 우수한 외과의사가 돼서 매번 정확하게 메스를 놀려야 한다는 겁니다. 하지만 그러면서도 여전히 가독성이 있어야 하죠. 『이중톈 중국사』의 표현 방식은 제 전작인 『삼국지 강의』와는 완전히 다릅니다. 그 책은 텔레비전 프로그램의 강연록이기 때문에 구어적이지만 중국사는 그렇지 않죠. 품격 있는 문체가 요구됩니다. (…) 그리고 저는 이 책이 리듬이 상당히 빠르고 그러면서도 매우 분명하다는 느낌이 듭니다. 리듬이 빨라야 한다는 것은 저의 또 다른 조건입니다. 심지어 진정으로 독서를 좋아하는 사람이라면 이 책을 들자마자 숨 쉴 틈 없이 읽기를 바랍니다.

확실히 이중톈의 문체는 간결하고 빠르다. 그러면서도 문장과 문장, 문단과 문단의 의미 맥락은 촘촘하고 긴밀하다. 하지만 독자는 단지 간결하고 빠른 문체에만 혹해 "숨 쉴 틈 없이" 책을 읽지는 않는다. 그러려면 글에 흡인력이 있어야 하며 그 흡인력은 또 다른 장치를 필요로 한다.

그래서 (역사 서술에) 추리소설의 기법을 도입해 끊임없이 미스터리를 배치합니다. 역사 속에는 본래 우리가 발견하지 못했거나 이유를 잘 모르는 수수께끼가 많습니다.

이 추리소설 기법은 재미를 지향하는 두 번째 목표와 직접 연관이 있다. 실제로 『이중톈 중국사』를 읽다보면 저자가 끊임없이 문제의식을 조성하고 또 독자에게 직접적인 질문을 던진 후 그 질문의 답을 꼼꼼히 찾아가는 것을 확인할 수 있다. 그러면서 독자의 주의를 끌기 위해 이른바 '시나리오식 기법'을 병행한다. 주요 인물과 사건을 부각할 때마다 반드시 구체적인 장면을 묘사함으로써 독자들이 마치 영화를 보듯 역사를 간접 체험하게 유도한다.

마지막으로 역사의 실증성과 연관된 세 번째 목표와, 동서 비교 사학의 시각을 확보하려는 네 번째 목표도 이중톈은 절대 소홀히 하지 않는다. 『이중톈 중국사』의 글쓰기는 확실히 묘하다. 흥미로운 이야기처럼 술술 읽어나가는데도 대화마다 장면마다 출처가 있다. 그리고 한나라의 국력을 강조하기 위해 로마를, 당나라의 세계성을 강조하기 위해 동로마를 언급하는 것을 잊지 않으며 고대 동서양과 동북아 문명의 교류도 낱낱이 들여다봄으로써 『이중톈 중국사』만의 참신성을 확보해간다.

요컨대 위에서 말한 간결하고 빠른 문체, 그리고 추리소설과 시나리 **238**

오의 기법이 『이중톈 중국사』가 표방하는 대표적인 글쓰기 전략이다. 우리 독자들도 이를 염두에 두고 이 책을 찬찬히 짚어나간다면 각자 색다른 느낌을 얻을 수 있으리라 믿는다.

『수당의 정국』에 언급된
사건 연표

<u>581년(수문제 개황 원년)</u> 북주 정제가 수왕 양견에게 양위하여 북주 멸망. 양견이 칭제하여 문제가 되고 국호를 수로 정했다. 양견은 장자 양용을 황태자로 세웠고 13세의 차남 양광은 진왕으로 삼아 병주井州를 다스리게 함.

<u>582년(개황 2)</u> 남조의 진선제陳宣帝가 죽고 아들 진숙보가 제위를 계승.

<u>583년(개황 3)</u> 구품중정제가 폐지되고 돌궐이 동서로 분열.

<u>584년(개황 4)</u> 광통거廣通渠를 파서 위수를 동관潼關까지 끌어들임.

<u>588년(개황 8)</u> 수나라가 남조 진나라를 정벌하며 양광을 행군원수行軍元帥로 삼음.

<u>589년(개황 9)</u> 진나라가 망하고 수나라가 중국을 통일.

<u>591년(개황 11)</u> 토욕혼이 굴복해 스스로 신하라고 칭함.

<u>592년(개황 12)</u> 일본 스이코 여황 즉위. **242**

<u>600년(개황 20)</u> 황태자 양용을 폐하고 양광을 세움.

<u>603년(인수 3)</u> 서돌궐이 동돌궐의 땅을 모두 차지.

<u>604년(인수 4)</u> 7월 13일, 수문제 양견이 재위 24년 만에 향년 64세로 인수궁仁壽宮에서 죽었다. 21일, 황태자 양광이 제위를 이어 수양제가 되었고 그날 형 양용을 죽였다. 10월 16일, 수양제는 수문제의 장사를 치렀고 11월 3일에는 친히 낙양에 가서 지형을 관측한 뒤, 그곳을 동도로 정했다. 11월 20일, 진숙보가 죽었고 시호는 양煬이었음.

<u>605년(수양제 대업 원년)</u> 통제거가 개통되어 황하를 운하로 끌어들이고 또 운하를 사수泗水에 끌어들여 회수淮水와 이어지게 했다. 한구를 파서 회하를 장강에 잇기도 했다. 8월, 수양제가 강도를 방문.

<u>607년(대업 3)</u> 일본의 견수사遣隋使 오노노 이모코가 중국에 도착함.

<u>608년(대업 4)</u> 정월, 영제거가 개통되어 남쪽으로는 황하, 북쪽으로는 탁군(지금의 베이징)을 연결.

<u>610년(대업 6)</u> 3월, 수양제가 다시 강도에 갔다. 12월, 경구京口(지금의 전장시鎭江市)에서 여항에 이르는 강남하가 개통.

<u>612년(대업 8)</u> 제1차 요동 정벌.

<u>613년(대업 9)</u> 제2차 요동 정벌.

<u>616년(대업 12)</u> 수양제가 세 번째로 강도에 갔고 동시에 이연을 태원유수로 임명.

<u>617년(대업 13)</u> 5월, 이연이 태원에서 기병하여 11월, 장안을 함락하고 양

유를 황제로 세웠으며 양광을 태상황으로 높임.

618년(당고조 무덕 원년) 3월, 수양제가 재위 15년 만에 향년 50세로 강도에서 피살되었다. 5월, 이연이 장안에서 칭제하고 국호를 당으로 정하여 당 왕조가 성립.

619년(무덕 2) 정월, 조용조법租庸調法 제정.

621년(무덕 4) 이세민이 낙양을 공격해 두건덕을 산 채로 사로잡고 왕세충에게 투항을 강요했으며 6월, 장안에서 입성식을 거행.

622년(무덕 5) 무함마드가 메카에서 이슬람교를 창립.

626년(무덕 9) 6월, 현무문의 변 발생.

629년(당태종 정관 3) 현장법사가 불경을 구하러 인도로 출발.

630년(정관 4) 당나라가 동돌궐을 격파했고 당태종이 각 민족 추장들에 의해 천카간으로 추존되었다. 무함마드가 아랍 제국을 건립했으며 중국인은 그것을 대식大食이라 부름.

632년(정관 6) 무함마드 사망.

635년(정관 9) 당나라군이 토욕혼의 도읍을 함락해 토욕혼은 당나라 기미 정책 아래의 속국이 되었다. 경교의 중국 전래. 아랍군이 동로마 제국의 다마스쿠스를 함락.

637년(정관 11) 또는 638년(정관 12) 토번이 토욕혼에게 대승을 거둠.

639년(정관 13) 당태종이 서역에 군대를 보내 고창국을 토벌.

640년(정관 14) 고창왕 국문태가 죽고 아들 지성智盛이 왕위를 이었지만 **244**

당나라에 패했다. 당나라가 교하의 옛 성에 안서도호부를 설치.

641년(정관 15) 문성공주가 토번에 들어감.

644년(정관 18) 당나라가 언기국을 멸함.

645년(정관 19) 현장이 장안으로 돌아옴.

648년(정관 22) 당나라가 구자국을 멸함.

649년(정관 23) 당태종 이세민이 재위 24년 만에 향년 51세로 사망.

651년(당고종 영휘 2) 아랍군이 페르시아 사산 왕조를 멸했다. 아랍 제국이 장안에 사절을 보냈으며 이슬람교가 중국에 전래되기 시작.

657년(현경 2) 당나라가 서돌궐을 격파함.

660년(현경 5) 당고종의 병환으로 무측천이 집권. 신라가 당나라와 연합해 백제를 멸함.

668년(건봉 3년, 총장 원년) 당나라가 고구려를 멸하고 평양에 안동도호부를 설치해 그 지역을 통치.

670년(함형 원년) 토번이 대거 당나라를 공격해 안서사진이 폐기됨.

672년(함형 3) 토번이 다시 토욕혼을 공격해 토욕혼이 멸망함.

679년(조로 원년) 송평에 안남도호부가 설치됨.

690년(무측천 천수天授 원년) 무측천이 칭제하고 국호를 주로 바꿈.

705년(당중종 신룡神龍 원년) 무측천이 죽고 당나라가 복원됨.

713년(당현종 개원 원년) 발해 건국.

245 742년(천보 원년) 서돌궐이 완전히 멸망.

755년(천보 14) 안사의 난 발발.

763년(당대종 광덕 원년) 10월, 토번이 장안을 점령하고 국력을 과시.

783년(당덕종 건중 4) 당나라와 토번이 청수淸水에서 맹약 체결.

788년(정원 4) 회흘이 당나라에 공문을 보내 회골로 개명했음을 통보. 그 후, 당덕종 정원 11년부터 당헌종 원화 16년까지(795~821) 회골 칸국은 전성기를 구가.

821~822년(당목종 장경 원년, 2) 당나라와 토번이 장안과 라싸에서 맹약을 체결.

840년(당문종 개성 5) 회흘 칸국 멸망.

이중톈 중국사
\13\

수당의 정국

초판 인쇄	2021년 5월 28일
초판 발행	2021년 6월 4일

지은이	이중톈
옮긴이	김택규
펴낸이	강성민
기획	김택규
편집장	이은혜
편집	곽우정 신상하
마케팅	정민호 김도윤 최원석
홍보	김희숙 김상만 함유지 김현지 이소정 이미희 박지원

펴낸곳	(주)글항아리	출판등록 2009년 1월 19일 제406-2009-000002호
주소	10881 경기도 파주시 회동길 210
전자우편	bookpot@hanmail.net
전화번호	031-955-1936(편집부) 031-955-2696(마케팅)
팩스	031-955-2557

ISBN	978-89-6735-903-4 03900

www.geulhangari.com